LA MAISON

DE TINGUY

NOTICE

GÉNÉALOGIQUE ET HISTORIQUE

Gloria enim hominis ex honore patris sui. (Ecclésiastique, ch. III, v. 13.)
« L'homme est glorifié par
« l'honneur de son père. »

POITIERS

TYPOGRAPHIE OUDIN ET Cie

4, RUE DE L'ÉPERON, 4

1896

LA MAISON DE TINGUY

POITIERS. — TYPOGRAPHIE OUDIN ET Cie.

LA MAISON

DE TINGUY

NOTICE

GÉNÉALOGIQUE ET HISTORIQUE

*Gloria enim hominis ex ho-
nore patris sui.* (ECCLÉSIAS-
TIQUE, ch. III, v. 13.)
« L'homme est glorifié par
« l'honneur de son père. »

POITIERS

TYPOGRAPHIE OUDIN ET Cⁱᵉ

4, RUE DE L'ÉPERON, 4

1896

Dieu simplet Renfroelle

LA MAISON DE TINGUY

M. Georgel

✝

Cette notice n'a pas été destinée au public : elle est écrite pour la famille, et reste tout intime.

Elle n'est pas non plus l'œuvre d'un seul : plusieurs y ont bien voulu prêter leur concours ; et celui auquel est demeuré le soin de compiler toutes les informations, et de les coordonner, ne saurait oublier d'exprimer ici les remerciements dont il est redevable à ses obligeants collaborateurs.

Nous avons recherché avant tout la vérité. Chaque assertion est appuyée sur un ou plusieurs documents dont nous précisons l'espèce, et dont nous indiquons le lieu de dépôt ; ou sur des renseignements dont nous faisons connaître la source. Tout peut être contrôlé ; et s'il se trouve quelques faits incertains, nous les donnons pour ce qu'ils sont, avec l'explication de leur probabilité.

Nous croyons avoir fait acte utile.

Et d'abord, retracer l'historique d'une famille, c'est affirmer l'existence de la famille, à l'encontre des doctrines subversives qui prétendent prévaloir aujourd'hui. C'est aussi faire mieux connaître, et par conséquent resserrer les liens qui unissent les membres de cette famille. C'est encore, en rappelant les actions louables de nos ancêtres, leur situation honorable dans la société, la dignité de leur vie, c'est, disons-nous, perpétuer les traditions qu'ils nous ont laissées. Elles deviennent, avec la crainte de Dieu, notre guide et notre soutien dans le chemin de la vie. Et puis, enfin, être fier de l'honneur de ses pères, rien en cela qui ne soit fort légitime :

Gloria enim hominis ex honore patris sui.

A LA MARQUISE DE TINGUY DE NESMY

MA CHÈRE COUSINE,

A vous il appartient de recevoir la dédicace de cette notice.

Digne compagne de notre brillant et tant regretté chef, qui fut l'illustration contemporaine de notre maison, vous restez à notre tête.

En suivant à travers les ombres du passé les traces de nos pères, on remarque dans leur vie publique leur fidélité constante : et, surtout, à la fin du siècle dernier, comme au cours de celui qui est le nôtre, on voit qu'ils ont généreusement donné des preuves de leur inaltérable dévouement aux saintes causes : Deo simul et Regi fidelis.

La fidélité à Dieu et au Roi, c'est la tradition qui nous a été léguée. Nous croyons n'y avoir point failli. Et, puisque nous en avons fait notre règle, faisons-en notre devise.

Veuillez donc agréer, ma chère cousine, l'hommage que je vous fais de ce modeste travail, expression de mon culte de la famille, et fruit de longues et pieuses recherches.

THÉOPHILE DE TINGUY.

La Viollière, le 1ᵉʳ mai 1893.

LA MAISON DE TINGUY

NOTICE GÉNÉALOGIQUE
ET HISTORIQUE

Le nom de Tinguy, altération probable (1) de celui de Tanguy, semble être d'origine bretonne.

Les plus anciens documents conservés dans cette famille la montrent établie, vers la fin du xive siècle, dans la mouvance de la seigneurie et châtellenie de Rocheservière, qui faisait partie du Poitou, et touchant la ligne séparative de cette province et de la Bretagne.

La guerre de succession à la couronne ducale de Bretagne entre Charles de Blois et Jean de Monfort, et le triomphe de ce dernier, pourraient expliquer l'émigration de l'auteur de la famille de Tinguy en Poitou, cette province ayant été rendue à la France par l'épée de Du Guesclin et la sagesse du roi Charles V.

Pendant toutes les guerres de cette époque, l'occasion n'a pas manqué à l'ancêtre des Tinguy, combattant sous la bannière française, de mériter, par quelque service signalé à la personne même du Roi, la concession du port, dans ses armoiries, des fleurs de lys de France (2).

---

(1) Dans le dialecte du pays où est le berceau de la famille de Tinguy, la consonnance *an* n'existe pas : toutes les syllabes qui, dans la langue française, sont écrites ainsi, prennent, dans l'idiome de la contrée, la prononciation *in*.

(2) Tinguy porte : *d'azur à quatre fleurs de lys d'or*. Les armes de concession sont formées de la totalité ou d'une partie de celles du Souverain, qui, en autorisant à les porter, a voulu récompenser des services rendus à sa personne, ou marquer des offices remplis à sa cour.

On sait que l'écu de France à trois fleurs de lys seulement date de Charles V : antérieurement, l'écu royal était : *d'azur semé de fleurs de lys d'or sans nombre.*

I

PHILIPPE Tinguy vivait à la fin du xiv⁰ siècle, ainsi qu'en fait foi un contrat de mariage de sa fille, Jehanne Tinguy, dans lequel acte il est qualifié varlet, seigneur de la Garde, passé par-devant Jouneau, notaire de la principauté de la Roche-sur-Yon, le samedi avant la Purification de la Vierge, l'an 1381 (1). Jehanne épousait Jean Prévost, fils de Pierre Prévost (2).

L'hôtel noble de la Garde était situé sur le bord de la rivière la Boulogne, dans la paroisse de Rocheservière, au nord-ouest de cette petite ville. Cette seigneurie resta longtemps dans la famille.

Une transaction en forme de partage fut passée entre Philippe et ses cohéritiers des successions de leurs père et mère, par laquelle il est justifié du bien noble qui était alors dans la famille, par-devant Petit, notaire de la principauté de la Roche-sur-Yon, le dernier juin 1381 (3).

Les copartageants de Philippe étaient : dame Olive, veuve de Jehan Tinguy, son frère, et Stéphanie Tinguy, épouse de Geoffroy Vallon, chevalier, et fille de Guillaume Tinguy, son autre frère (4).

II

THOMAS Tinguy, varlet, sᵍʳ du Puy de la Garde, présumé fils de Philippe, lui succède. Il fit à Jehan Hériau arrentement de quelques domaines, suivant acte par-devant Segrétain, notaire de la châtellenie de Rocheservière, le 22 février 1401 (5).

III

JEHAN Tinguy, écuyer, sᵍʳ de la Garde après Thomas, eut, croyons-nous, pour femme, demoiselle *Suzanne* Ortye (6).

(1 et 3) *Extraits* des archives du château de Nesmy, transcrits, vidimés et collationnés sur les originaux, en date de la Roche-sur-Yon, 3 août 1778, et signés : Charles-Louis de Tinguy, Goupilleau, notaire royal, et Porchier, notaire royal. Lesquels *extraits* sont aujourd'hui conservés aux archives de la Viollière. — Ces deux pièces se trouvent énoncées aussi dans la sentence de maintenue de noblesse rendue à Poitiers, le 14 juillet 1700, par M. de Maupeou, en faveur de MM. Tinguy de Nesmy, de la Turmelière et de Vanzay.

(2, 4 et 6) Notes prises à la Bibliothèque nationale.

(5) *Extraits* des archives du château de Nesmy en 1778. Pièce énoncée aussi dans la sentence de maintenue de noblesse du 14 juillet 1700.

Au terme de la Nativité de saint Jehan-Baptiste, il devait, « à cause « de la place de son chastel, une rente de 2 sols au s^{gr} de Rocheservière », ainsi qu'il appert d'un acte de déclaration de cette seigneurie, en date de 1464, faite par Jehan de Volvire à sa sœur germaine, Françoise de Volvire, épouse de messire Joachim Rouault, maréchal de France (1).

A cette époque, la famille des Tinguy était devenue nombreuse aux environs de Rocheservière, ainsi qu'on le voit dans l'acte de déclaration précité. S'y trouvent, en effet, dénommés, outre Jehan Tinguy, écuyer, s^{gr} de la Garde, un autre Jehan Tinguy, dont la maison et la tour redevaient, au terme de Noël, 1 sol et 4 deniers de cens ; Nicolas Tinguy, qui devait 2 sols sur la Tousche-de-la-Mollée, et 5 sols sur le tènement de la Mothe (terre qui s'appelle encore aujourd'hui la Mothe-Tinguy, dans la commune de Rocheservière) ; Guillaume Tinguy, dont la tenue de la Baume était redevable, au terme de Notre-Dame d'août, d'un cens de 4 sols ; Pierre Tinguy, qui tenait une maison dite de la Rüe, laquelle redevait 6 sols ; Collin Tinguy, qui avait autrefois tenu le courtil Malicot, payant 1 sol et 6 deniers ; Aimery Tinguy, pourvu d'un office de sergentise, à cause duquel il devait « un cens de vaisselles de bois, c'est « à savoir, par chascun an, au terme de Noël, par escuelles 12 escuelles, « par saulnières 12 saulnières, par tranchoirs 12 tranchoirs » ; Marie Tinguy, dont le fils, messire François Pillot, devait, à cause d'elle, un hommage plein ; François Tinguy, rendant également hommage plein, à cause de la moitié par indivis de la sergentise de la Forêt.

On trouve aussi un Jehan Tinguy, procureur à Rocheservière, qui fut taxé en 1437 (2).

IV

JEHAN TINGUY, écuyer, s^{gr} de la Garde, fils du précédent, épousa demoiselle *Marie* TRAVERS, fille de Pierre Travers, écuyer, suivant contrat par-devant Derraud et Guischard, notaires des baronnies du Puybelliard et Chantonnay, en date du 31 janvier 1480 (3).

---

(1) Copie prise, le 12 mai 1750, sur l'original, aux archives du trésor de Montaigu, pour servir de pièce de procédure, et conservée aux archives de la Viollière.

(2) Note communiquée par MM. Beauchet-Filleau, prise à la bibliothèque de Poitiers, portefeuille intitulé Poitou.

(3) *Extraits* des archives du château de Nesmy en 1778. — Pièce aussi énoncée dans la sentence de maintenue de noblesse du 14 juillet 1700.

Etant devenu impotent, il fut remplacé au ban de 1491 par Guillaume Aubinaye, à qui il fut enjoint d'avoir des gantelets (1).

Jehan devait à la seigneurie de la Ruffellière 5 sols à cause du touarçois qu'il prenait aux villages et tènements de la Saulzays et du Marchays en la paroisse de Bouaine, ainsi qu'il est dit dans la déclaration de la Ruffellière, en date du 20 mars 1493, faite par messire Christophe de Goulaines, écuyer, sgr dudit lieu de la Ruffellière, à messire Renaud de Volvire, sgr de Rocheservière (2). Il existait alors un autre Tinguy, pourvu de la charge de notaire de la châtellenie de Rocheservière, et signataire, en cette qualité, de l'acte de déclaration précité.

Jehan rendit hommage au sgr de Rocheservière, pour raison de son hôtel et maison noble de la Garde, par acte du 1er novembre 1503, signé Rideau, notaire (3). Il lui fut délivré acte de réception du dénombrement fourni par lui, le 9 août 1504, aux assises de la seigneurie de Rocheservière, signé Bouhier et Rideau, notaires (4).

Le 9 décembre 1510, il fit une transaction tant pour lui-même que pour son fils Robert Tinguy, avec Louis Travers, écuyer, sgr du Chasseau, fils de Gilles Travers, son beau-frère, touchant les conventions matrimoniales faites par feu Pierre Travers, son beau-père, par-devant Noeau et Bernon, notaires de la châtellenie de Rocheservière (5).

Jehan et Marie Travers laissèrent plusieurs enfants :

1º Robert, dont l'article suivra.

2º Catherine, mariée à Jacques Moreau, écuyer, sgr de la Saulzays, qui fit avec elle un contrat de constitution de rente de 10 livres à son frère aîné Robert, par-devant Berthelot et Monseau, notaires de la châtellenie de Rocheservière, le 11 septembre 1525 (6).

3º Louise, qui fit avec son frère Robert un contrat d'arrentement de ses droits aux successions de leurs père et mère, par-devant Voineau et Monseau, notaires de la châtellenie de Rocheservière, le 18 avril 1523 (7).

4º Jehan, écuyer, qui fut nommé curateur de ses neveux, enfants de Robert, par sentence rendue en la cour de Rocheservière le 19 août 1545 (8).

---

(1) Dictionnaire des familles du Poitou, par MM. Beauchet-Filleau, article Aubinaye.

(2) Copie sur papier aux archives de la Viollière.

(3, 4, 5, 6 et 7) Pièces énoncées dans la sentence de maintenue de noblesse du 14 juillet 1700. Les quatre dernières mentionnées aussi dans la note citée page 2, annotation (2).

(8) Pièce énoncée dans la preuve de noblesse de François-Prosper de Tinguy de Nesmy, pour son admission à la Grande Ecurie du Roi, du 23 mars 1741. Bibl. nat., cabinet des titres, 281, p. 33.

V

ROBERT Tinguy, écuyer, sgr de la Garde, châtelain de Rocheservière, épousa demoiselle *Françoise* Chauchet, d'après un contrat reçu par Morineau et Berthelot, notaires de la principauté de la Roche-sur-Yon et de la châtellenie de Rocheservière, le 1er mai 1515 (1).

Demoiselle Françoise Chauchet était, selon toute apparence, fille de Gérald Chauchet, écuyer, sgr des Audayries, qui fut nommé exécuteur testamentaire de Jehan Robert, écuyer, sgr de la Rochette, le 5 août 1504 (2). Toujours est-il qu'elle fut son héritière : nous verrons, en effet, le fils aîné de Françoise Chauchet se qualifier sgr des Audayries, et cette terre demeurer dans la famille de Tinguy jusqu'à la fin du xviiie siècle ; à cette époque, elle fut aliénée pour la liquidation d'une succession. Elle est située dans la paroisse du Bourg-sous-la-Roche, tout près de la Roche-sur-Yon, à l'est et en vue de cette ville. Gérald Chauchet est probablement le même que Giraud Chaucher, habitant la châtellenie de Rocheservière, qui servit en archer au ban des nobles du Poitou, en 1491 (3).

Robert comparut le 20 août 1520, comme ayant procuration et se portant fort pour messire François de Volvire, chevalier, sgr de Rocheservière, baron de Ruffec, défendeur, contre messire Aloph Rouault, chevalier, sgr de Gamaches, Castillon, Boismenart, etc., et demoiselle Anne Rouault, dame de Choisy, veuve de messire Adrien de l'Hospital, demandeurs, devant messire André Derazes, conseiller du Roi en la Cour et Parlement de Poitiers, et commissaire de par icelle en cette partie (4).

Un de ses proches parents dont il hérita, Jehan Golon, écuyer, sgr des Coulandres, avait fait cession d'une rente à Audet Durcot, écuyer, sgr de la Roussière, et Guillaume Durcot, écuyer, sgr de l'Estang : il en fit le retrait lignager à dame Jehanne Dorin, veuve du sgr de l'Estang, dont acte du 21 avril 1528, par-devant Hilaire Burluet et Maurice Guesdon, notaires à Montaigu et à Rocheservière (5).

Robert assista au contrat de mariage de Gilles Durcot, écuyer, sgr de la

---

(1) *Extraits* des archives du château de Nesmy en 1778. — Pièce énoncée dans la sentence de maintenue de noblesse du 14 juillet 1700.

(2 et 3) *Dictionnaire des familles du Poitou*, par MM. Beauchet-Filleau, article Chauchet.

(4) Copie sur papier pour signification faite à Robert Tinguy de l'arrêt intervenu : aux archives de la Viollière.

(5) Original en parchemin, aux archives de la Grange-au-Baron.

Roche-sous-Mouzeil, avec demoiselle Marguerite de la Muce, reçu par Gobard et Modurier, notaires d'Aubigné et de Rocheservière, le 14 juillet 1539 (1).

Le 11 juin 1542, il donna procuration à Jehan Tinguy, son fils puîné, pour assister à l'assemblée des nobles à Poitiers (2). Il s'y rendit néanmoins lui-même, ainsi qu'il appert d'un acte en date du 1er avril 1544, signé du Hamel, certifiant qu'il a paru à la montre générale des nobles à Poitiers (3). Le 18 juin suivant, il lui fut délivré une quittance de vingt livres qu'il avait payées pour contribution du ban convoqué (4).

Il fit son testament, par-devant Guerry et Bertrand, notaires à Montaigu et à Rocheservière, le 4 juillet 1545, et mourut avant le 19 août de la même année, date de l'acte de curatelle de ses enfants mineurs (5).

Robert et Françoise Chauchet eurent pour enfants :

1° Gilles, écuyer, sgr des Audayries, qui assista comme arbalétrier au ban des nobles du Poitou, à Fontenay, en 1533 (6).

2° Jehan, écuyer, qui remplaça un instant son père à l'assemblée de la noblesse à Poitiers, suivant la procuration en date du 11 juin 1542 précitée.

Ces deux fils de Robert moururent avant leur père ; car on voit dans l'acte de curatelle mentionné plus haut que leur jeune frère Pierre est devenu aîné et principal héritier.

3° Catherine, mariée à Philippe de Saint-Hilaire, écuyer, sgr de la Bougonnière et du Retail, qu'elle laissa veuf, ainsi qu'on le voit par le contrat du second mariage de celui-ci avec demoiselle Gillon Vigier, veuve elle-même en premières noces de Gilles de Puitesson, écuyer, sgr de Puitesson et Chauché, en date du 19 février 1572, reçu par Laurent Lejay et René Lejay, notaires de la châtellenie de Saint-Denys-la-Chevasse (7).

4° Pierre, dont l'article suivra.

5° François, écuyer, qui obtint avec son plus jeune frère Robert et ses sœurs Catherine et Anne des lettres royaux de rescision pour être restitués contre le partage fait antérieurement avec Pierre Tinguy, leur frère aîné, au sujet des successions de leurs père et mère, par lesquelles lettres il est établi que les parties demeurent d'accord du droit d'aînesse dudit Pierre,

---

(1) Grosse aux archives du château de Puitesson.
(2, 3, 4 et 5) *Extraits* des archives du château de Nesmy en 1778.
(6) Note communiquée par MM. Beauchet-Filleau. — Bans et arrière-bans du Poitou, reg. 15, n° 8.
(7) Grosse en parchemin, aux archives du château de Puitesson.

en date du dernier décembre 1566, signé, par le conseil, Fileur (1).

6° Anne, mentionnée avec ses frères Pierre et François, comme mineure, dans l'acte de curatelle du 19 août 1545 précité.

7° Robert, écuyer, sgr des Mothes, qui vint au monde, sans doute, après la mort de son père, puisqu'il n'est pas nommé dans l'acte de curatelle. Quand il eut atteint sa majorité, en 1566, il obtint avec ses frères et sœurs, comme il a été dit plus haut, des lettres royaux de rescision contre le premier partage fait avec leur frère aîné Pierre Tinguy, écuyer, sgr de la Garde, pendant leur minorité. Il mourut sans postérité, et ses neveux partagèrent sa succession par acte du 23 novembre 1628, reçu par Hervé et Jousseaume, notaires de la baronnie de la Chaize-le-Vicomte (2).

VI

PIERRE Tinguy, écuyer, sgr de la Garde et des Audayries, pendant sa minorité eut pour curateur, comme il a été dit plus haut, son oncle Jehan

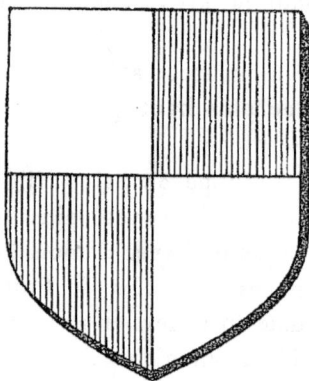

Tinguy, écuyer, lequel en cette qualité, et au nom de son pupille, rendit hommage à la seigneurie de Rocheservière par acte du 14 mai 1548, signé Auvinet, greffier (3).

---

(1) Pièce énoncée dans la sentence de maintenue de noblesse du 14 juillet 1700 et dans la preuve pour la Grande Ecurie de François-Prosper de Tinguy de Nesmy, du 23 mars 1741, et dans Chérin, cabinet des titres, 197, art. Tinguy de Nesmy.

(2) *Extraits* des archives du château de Nesmy en 1778. — Pièce énoncée aussi, comme la précédente, dans la maintenue de noblesse du 14 juillet 1700, dans la preuve pour la Grande Ecurie de François-Prosper de Tinguy de Nesmy, et dans Chérin.

(3) Pièce énoncée dans la sentence de maintenue de noblesse du 14 juillet 1700.

Devenu majeur, Pierre fournit lui-même, le 20 avril 1560, un dénombrement à messire Jehan d'Aubeterre, comme tuteur de demoiselle Robinette Hamon, sa nièce, dame de Rocheservière, signé Pierre Tinguy, Auvinet et Noeau, ces deux derniers notaires de la châtellenie de Rocheservière, au bas duquel acte est la réception du 6 mai 1560, signée Auvinet et Tourneur (1).

Vers 1575, il épousa demoiselle *Guillemette* D'AVAUGOUR (2), comme il est dit dans le contrat de son second mariage.

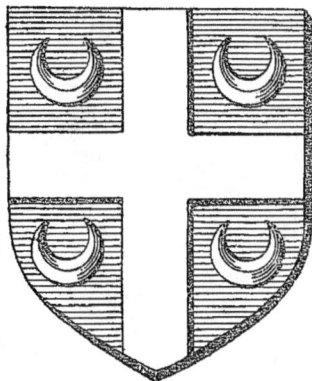

En secondes noces il s'allia avec demoiselle *Marguerite* ALLARD (3), dame de Launay, fille d'Aimery Allard, écuyer, ˢᵍʳ de Boisimbert, et de dame Anne de la Bruère, dame de Launay, suivant contrat du 13 juin 1581, reçu par Büet et Galipaud, notaires de la principauté de la Roche-

---

(1) *Extraits* des archives du château de Nesmy en 1778. — Pièce aussi énoncée dans la sentence de maintenue de noblesse du 14 juillet 1700, et dans Chérin.

(2) D'Avaugour porte : *écartelé d'argent et de gueules.* — Les sires d'Avaugour étaient juveigneurs des Penthièvre, puînés de Bretagne. La branche de Kergrois, rameau des premiers barons d'Avaugour, a fini avec Blanche d'Avaugour, dame de Kergrois, en Remungol, évêché de Vannes : elle épousa Jehan de Belouan, à condition que leurs enfants prendraient le nom et les armes d'Avaugour. (*Nobiliaire de Bretagne*, par Pol de Courcy.) Plusieurs branches de leur descendance se sont formées en Poitou au xvᵉ siècle.

(3) Allard de Boisimbert porte : *d'azur à la croix d'argent, cantonnée de quatre croissants de même.* — Ancienne famille du Poitou. François Allard, écuyer, ˢᵍʳ de Boisimbert, vivait au commencement du xvᵉ siècle, et fut père d'Aimery Allard, écuyer, ˢᵍʳ de Boisimbert (Reg. de Malte, preuves Gazeau. Bibl. de l'Arsenal), et par conséquent l'aïeul de Marguerite Allard.

sur-Yon (1). Le 2 avril 1585, ils donnèrent à Aimery Allard et dame Anne de la Bruère quittance d'une partie de la somme qui leur avait été constituée par le contrat de leur mariage, dont acte reçu par Chauvet, notaire de la principauté de la Roche-sur-Yon (2).

Pierre mourut aux Audayries en 1592 et fut inhumé dans l'église du Bourg-sous-la-Roche (3).

En 1605, époque du mariage de son fils aîné, sa veuve était remariée à Philippe Chabot, écuyer, sgr de Puiraveau, ainsi qu'on le voit au contrat dudit mariage (4).

Les enfants de Pierre furent :

De son premier lit avec demoiselle Guillemette d'Avaugour :

1° Crispe, qui épousa Isaac Chabot (5), écuyer, sgr du Chaigneau, du Braclau, etc., fils de Christophe Chabot, écuyer, sgr du Chaigneau, etc., et de dame Claude Gourdeau, lequel acquit de demoiselle Marie Mau-

---

(1) *Extraits* des archives du château de Nesmy en 1778. — Pièce énoncée aussi dans la maintenue de noblesse du 14 juillet 1700, dans la preuve pour la Grande Ecurie de François-Prosper de Tinguy de Nesmy, et dans Chérin.

(2) Acte relaté par Chérin.

(3) Renseignement fourni par la note citée à la page 2, annotation (2), prise à la Bibliothèque nationale.

(4) *Extraits* des archives du château de Nesmy en 1778.

(5) Chabot porte : *d'or à trois chabots de gueules, posés en pal, et 2 et 1.* — La maison de Chabot occupe une place distinguée dans l'histoire de France. Elle est originaire du Bas-Poitou. Guillaume Chabot était en 1040 un des grands seigneurs de cette province. Sa descendance a formé de nombreuses branches, et entre autres, celles de Jarnac, de Saint-Aulaye, devenue la branche ducale de Rohan-Chabot ; celles de Brion, du Chaigneau, de Raiz, etc. Isaac Chabot, qui épousa Crispe Tinguy, était de la branche du Chaigneau.

clerc, dame de Lussac, tant en son nom qu'en celui de sa femme, la terre et seigneurie de Nesmy, le 24 juillet 1596 (1). Crispe mourut avant l'année 1620, sans postérité.

De son second mariage avec demoiselle Marguerite Allard :

2° Benjamin, dont l'article suivra.

3° Jacob, écuyer.

4° Abraham, écuyer.

5° Anne, dénommée, ainsi que les deux précédents, dans un acte du 23 novembre 1628, dont il sera mention plus loin, et ayant pour objet le partage de leurs successions.

6° Suzanne, dont il est parlé dans cet acte de partage noble, du 23 novembre 1628, fait en forme de transaction, entre son frère Benjamin

Tinguy, d'une part, et François de Rion, écuyer, sgr de Saugé, mari de demoiselle Elisabeth Le Blanc, fille de·dame Suzanne Tinguy, la représentant, d'autre part : ledit acte reçu par Hervé et Jousseaume, notaires de la baronnie de la Chaize-le-Vicomte, le 23 novembre 1628 (2). Suzanne avait donc épousé N... Le Blanc. Ce partage avait pour objet les successions de défunts haut et puissant Pierre Tinguy et dame Marguerite Allard, leurs père et mère, celles de défunts Jacob Tinguy, Abraham Tinguy, Anne Tinguy et Crispe Tinguy, leurs frères et sœurs, et encore celle de défunt Robert Tinguy, écuyer, sgr des Mothes, leur oncle.

(1) *Dictionnaire des familles du Poitou*, par MM. Beauchet-Filleau, article Chabot.

(2) *Extraits* des archives du château de Nesmy en 1778. — Pièce énoncée aussi dans la sentence de maintenue de noblesse du 14 juillet 1700, et dans la preuve pour la Grande Ecurie de François-Prosper de Tinguy de Nesmy, et aussi relatée par Chérin.

7° Elisabeth, mariée, le 8 septembre 1616, à Hercule Adam (1), écuyer, sᵍʳ de Puyraveau et Saint-Denys, fils de Louis Adam, écuyer, sᵍʳ de Puyraveau, et de dame Perside d'Orfeuille (2).

VII

BENJAMIN TINGUY, chevalier, sᵍʳ de la Garde, des Audayries et Launay, puis de Nesmy, la Guittardière, Vanzay, la Turmelière, Chaillé, les

Mothes et Girondin, épousa demoiselle *Anne* BERTRAND (3), fille de haut et puissant Christophe Bertrand, écuyer, sᵍʳ du Chastenay, et de défunte dame Charlotte Chasteigner, dame de Saint-Fulgent, suivant contrat reçu

---

(1) Adam porte : *d'azur au lion d'argent.* — Ce nom est très anciennement connu dans le Poitou. *Gaufridus Adam, miles*, était, en avril 1214, au nombre des signataires de l'acte par lequel Aimery de Thouars confirma l'anoblissement fait par Hugues de Luçon, du lieu de la Bredurière. (D. F. 14.) Méry Adam faisait partie de la garnison du château de Parthenay, en 1491, lorsqu'il fut convoqué au ban dont la montre se fit à Mortagne. Louis Adam, écuyer, sᵍʳ de Puyraveau, décédé en 1580, au lieu dit Puyraveau (*Journal* Le Riche), fut l'aïeul d'Hercule Adam, qui épousa demoiselle Elisabeth Tinguy.

(2) *Dictionnaire des familles du Poitou*, par MM. Beauchet-Filleau, article Adam.

(3) Bertrand de Saint-Fulgent porte : *de gueules au lion d'argent ayant la queue fourchue et passée en sautoir.* — Cette famille est originaire des environs de Montaigu. Jehan Bertrand, écuyer, sᵍʳ de la Rocheboursault (près Saint-Denys-la-Chevasse), vivait au commencement du xvᵉ siècle. Un de ses descendants, Christophe Bertrand, écuyer, sᵍʳ du Chastenay (paroisse de Saint-Denys-la-Chevasse), épousa en 1579 demoiselle Charlotte Chasteigner, qui lui apporta la seigneurie et châtellenie de Saint-Fulgent, plus tard érigée en baronnie. Ils furent les père et mère de demoiselle Anne Bertrand, femme de Benjamin Tinguy.

par Boisseau et Arnaudeau, notaires de la châtellenie de Saint-Fulgent, le 18 juillet 1605 (1).

Benjamin rendit hommage à Madame la princesse de la Roche-sur-Yon, pour raison de son fief de la Turmelière, le 10 juillet 1608, suivant acte signé Bonnin, greffier (2).

Le 7 février 1613, il acquit de Charles Bodin, écuyer, sgr de la Nouzière, et moyennant la somme de huit mille livres tournois, qu'il paya comptant, la terre noble de Vanzay, sise en la paroisse de Mouzeil, et consistant en la maison et métairie de Vanzay, tout ainsi qu'il est porté dans l'acte d'acquêt passé par-devant J. Petit et R. Delaunay, notaires de la baronnie de Brandois (3). Suivant la teneur de l'acte lui-même, Charles Bodin avait eu cette terre noble par contrat de mariage de demoiselle Renée Ollivereau, qui la possédait elle-même en vertu d'un acte de donation de dame Charlotte Bertrand, première femme dudit Charles Bodin. La terre de Vanzay était alors tenue noblement à foi et hommage du sgr de Saint-Aubin-en-Plaine. Elle demeura dans la branche cadette de la famille de Tinguy jusqu'à la Révolution, époque à laquelle elle fut vendue nationalement.

Les domaines de Benjamin s'accrurent encore d'une partie de la terre et seigneurie de Nesmy par succession de sa sœur Crispe Tinguy, épouse d'Isaac Chabot, écuyer, sgr du Chaigneau, etc. Puis, le 20 octobre 1623, il transigea avec ce même Isaac Chabot, relativement à l'autre portion de cette terre et seigneurie qui lui resta tout entière. Isaac Chabot et Crispe Tinguy, ainsi qu'il a été dit déjà, l'avaient achetée de demoiselle Marie Mauclerc, dame de Lussac, fille de Guy Mauclerc, écuyer, sgr de Saulnay, et de dame Catherine Chabot, dame de Nesmy, dont le bisaïeul Geheudin Chabot l'avait fait entrer dans la maison de Chabot par son mariage avec demoiselle Jehanne de Sainte-Flayve, vers la fin du xve siècle (4).

La terre et seigneurie de Nesmy était une châtellenie avec droit de haute et basse justice. En raison de son importance, elle devint désormais dans les partages la part des aînés de la famille de Tinguy.

---

(1) *Extraits* des archives du château de Nesmy en 1778. — Pièce énoncée dans la sentence de maintenue de noblesse du 14 juillet 1700, dans la preuve pour la Grande Ecurie de François-Prosper de Tinguy de Nesmy, et relatée par Chérin.

(2) Pièce énoncée dans la sentence de maintenne de noblesse du 14 juillet 1700.

(3) Grosse en parchemin, aux archives de la Viollière.

(4) *Dictionnaire des familles du Poitou*, par MM. Beauchet-Filleau, article Chabot.

Benjamin et sa fille Anne assistèrent au contrat de mariage d'Olivier Poictevin, écuyer, sgr de la Dorinière, avec demoiselle Philothée Gervier, le 3 septembre 1630 (1).

Le 13 janvier 1632, demoiselle Marie du Verger, veuve de Léon Gazeau, chevalier, sgr de la Brandasnière et autres lieux, pour raison de sa seigneurie de la Boissière, fournit à Benjamin un dénombrement, dont acte reçu par Cicoteau et Gourraud, notaires de la baronnie des Essarts (2).

Louis Buor, écuyer, sgr de la Jousselinière et de l'Eraudière, fournit aussi un dénombrement à Benjamin, à cause de sa châtellenie de Nesmy, dont acte reçu par Gigoineau et Delavau, notaires de la châtellenie de Château-Guibert, le 27 avril 1633 (3).

Benjamin assista en qualité de cousin de la future épouse, et signa au contrat de mariage de Louis Durcot, chevalier, sgr de la Chaume, avec demoiselle Jacquette Fouscher, reçu par René Arnaud et Jean Petit, notaires de la baronnie de Brandois, le 4 mars 1630 (4).

Il reçut une lettre de convocation du ban faite par le comte de Parabère, et il en fut dispensé, vu son grand âge et ses infirmités, suivant qu'il conste par ladite lettre de convocation en date du 2 août 1635 (5). Le comte de Parabère admit à le remplacer audit ban son fils aîné, Abraham Tinguy, écuyer, auquel il délivra un certificat de service en date du 13 novembre 1635 (6).

Benjamin mourut quelque temps après, et avant 1640, laissant de dame Anne Bertrand, sa femme, qui lui survécut, une nombreuse famille :

1o Abraham, chevalier, sgr de Nesmy, etc., auteur des branches de Nesmy.

2o Jonas, chevalier, sgr de Vanzay et Girondin, qui passait bail à ferme de sa maison et métairie de Vanzay le 17 juillet 1640, dont acte reçu par Arnaud, notaire de la baronnie de Brandois (7). Les 31 août, 1, 2 et 6 septembre 1643, il recevait plusieurs déclarations d'hommage en qualité de seigneur de Vanzay, dont actes signés par Voisin et Jouyneau, notaires de la baronnie de Vouvent (8). Deux autres baux à ferme de Vanzay, des 13 décembre 1645 et 12 juin 1648, reçus par Voisin et

---

(1) Note communiquée par MM. Beauchet-Filleau, prise aux archives du château de la Barre.

(2) *Extraits* des archives du château de Nesmy en 1778.

(3, 5 & 6) *Extraits* des archives du château de Nesmy en 1778.

(4) Grosse en parchemin, aux archives du château de Puitesson.

(7) Grosse en papier, aux archives de la Viollière.

(8) Cinq actes en parchemin, aux archives de la Viollière.

Dugué,notaires de la baronnie de Poiroux, et un troisième du 5 août 1652, par devant Richard et Jouyneau, notaires de la baronnie de Vouvent (1), font savoir qu'il habitait alors la maison noble de Girondin. Il aurait épousé d'abord, le 12 juin 1640, demoiselle Perrette Béranger (2); puis, en secondes noces, il s'allia avec demoiselle Suzanne Jaudouin (3), fille de ..... Jaudouin, chevalier, sgr de Marmande, et de dame ..... suivant

contrat du 29 août 16. ., reçu par Puychaud, notaire (4). Il fut maintenu noble avec ses frères Abraham Tinguy, chevalier, sgr de Nesmy, et Benjamin Tinguy, écuyer, sgr de Chaillé, par M. Barentin (sentence non expédiée), et ils sont dits porter : *d'azur à quatre fleurs de lys d'or cantonnées* (5). Il n'existait plus le 5 novembre 1661, date d'un nouveau partage noble entre ses frères survivants, et comme il ne laissait que des filles, les terres nobles de Vanzay et Girondin, dont il avait été qualifié seigneur, furent par ce dernier partage attribuées à son frère puîné Florimond Tinguy (6), lequel donnait, le 3 mars 1662, bail à ferme de Vanzay, par

(1) Grosses en papier, aux archives de la Viollière.
(2) Note prise à la Bibliothèque nationale.
(3) Jaudouin de Marmande porte : *d'argent au lion de sable, armé de sinople.* — Famille poitevine très marquante aux xive et xve siècles, qui a possédé longtemps la terre de Marmande dans la paroisse de Saint-André-sur-Mareuil. Elle a fini en quenouille. Demoiselle Nérée-Céleste Jaudouin, la dernière du nom, a épousé Gilbert de Rorthays, auquel elle a porté Marmande.
(4) Archives historiques contenant les maintenues de noblesse, aux archives départementales de la Vienne, à Poitiers.
(5) Catalogue alphabétique des nobles de la généralité de Poitiers, annoté par M. de Maupeou.
(6) Copie de cet acte est rapportée dans une signification donnée, en 1680, à M. et Mme des Chartres, aux archives de la Viollière.

acte devant Menanteau et N. . . . . .,notaires de la châtellenie de Champgillon et de la Tour-Morisse (1). Il avait laissé trois filles : du premier lit :
a. — Suzanne-Israëlite, mariée à son cousin germain Philippe-Auguste Tinguy, écuyer, s^{gr} de Launay, fils d'Abraham Tinguy, chevalier, s^{gr} de Nesmy, et de dame Suzanne Bodin, le 26 juillet 1672 (2) ; du second

mariage : b. — Marie-Anne ; c. — Bénigne-Honorée ; le 25 juin 1718, Monsieur de la Tour, intendant dans la généralité de Poitiers, rendit une ordonnance par laquelle Pierre-Benjamin Tinguy, chevalier, s^{gr} de Nesmy, Samuel Tinguy, chevalier, s^{gr} de Chaillé, son frère, et demoiselles Marie-

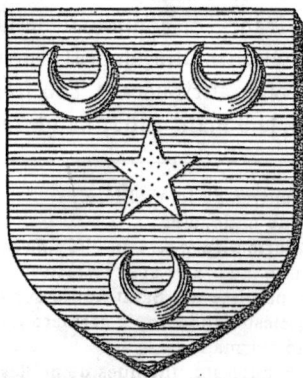

Anne Tinguy et Bénigne-Honorée Tinguy, filles de défunt Jonas Tinguy,

(1) Grosse en papier, aux archives de la Viollière.
(2) Note prise à la Bibliothèque nationale.

écuyer, s^{gr} de Vanzay, sont maintenus nobles sur la représentation de leurs titres justificatifs (1). Bénigne-Honorée épousa Claude Camus (2), écuyer, s^{gr} des Fontaines, veuf en secondes noces de dame Aimée-Honorée de l'Espinay et fils de François Camus, écuyer, s^{gr} des Fontaines, et de dame Claude Carrion, suivant acte en date du 24 octobre, aux registres paroissiaux de la Grolle (L. Gicqueau, curé de la Grolle) (3). Le 5 mars 1725, elle tint sur les fonts baptismaux Bénigne Royrand, fille de Charles Royrand, écuyer, s^{gr} de la Roussière, et de dame Louise Sajot, suivant acte aux registres paroissiaux de Saint-Fulgent (4).

3° Anne, laquelle avec son père Benjamin Tinguy, chevalier, s^{gr} de Nesmy, etc., assista au contrat de mariage d'Olivier Poictevin, écuyer, s^{gr} de

la Dorinière, avec demoiselle Philothée Gervier, le 3 septembre 1630 (5). Elle épousa, le 3 novembre 1632, Jacob de l'Espinay (6), écuyer, s^{gr} de

(1) Pièce énoncée dans la preuve pour la Grande Ecurie de Prosper-François de Tinguy de Nesmy, et consignée par Chérin.

(2) Camus des Fontaines porte : *d'azur à trois croissants d'argent, une étoile d'or posée en abîme.* — Cette famille est originaire de Bourgogne. Perrenot Camus, maire et capitaine d'Auxonne, défendit vaillamment cette ville contre les troupes de Charles-Quint, en 1526. François Camus, écuyer, s^r des Fontaines, Villefort, etc., habitait Oiron en 1635. Il fut le père de Claude Camus, écuyer, s^r des Fontaines, dont il est ici question.

(3) Archives communales de Rocheservière.

(4) Archives communales de Saint-Fulgent.

(5) Note communiquée par MM. Beauchet-Filleau, et prise au château de la Barre.

(6) De l'Espinay porte : *d'argent à trois buissons d'épine de sinople, posés 2 et 1.* — La maison de l'Espinay ou de Lespinay est originaire de Plessé, en Bretagne ; dans cette paroisse se trouve le fief dont elle porte le nom depuis au moins l'an 1416. Nous

Villaire, du Pré-Nouveau etc., fils puîné de Samuel de l'Espinay, écuyer, sᵍʳ de Villaire, du Pré-Nouveau, etc., et de dame Suzanne des Roussières. Jacob de l'Espinay et Anne Tinguy sont les auteurs des différentes branches de la maison de l'Espinay (aliàs Lespìnay), existantes en Poitou.

4° Philippe, écuyer, sᵍʳ de la Garde et de la Guittardière, marié à demoiselle Jeanne de May (1), veuve de René de Goulaines, écuyer, sᵍʳ des Mesliers. Elle était encore devenue sa veuve en 1666 et fut maintenue noble,

ainsi qu'on le voit dans la liste publiée à cette époque des nobles de la Généralité de Poitiers. Philippe ne laissa point d'enfants ; sa terre de la Guittardière fit retour à son frère aîné Abraham Tinguy, chevalier, sᵍʳ de Nesmy ; la terre et seigneurie de la Garde sortit après lui de la famille, ayant été donnée à sa veuve, dame Jeanne de May, pour ses reprises : elle fut de la sorte portée aux enfants du premier lit de cette dernière : d'abord à demoiselle Jeanne-Aimée de Goulaines, qui mourut sans postérité ; elle passa à sa sœur aînée, demoiselle Jeanne-Françoise de Goulaines, dame des Mesliers, qui avait épousé son cousin germain, Samuel de Goulaines, écuyer, sᵍʳ de la Paclais : leur fils aîné, Louis de Goulaines, écuyer, sᵍʳ de

---

la voyons par cette alliance avec Anne Tinguy s'établir en Bas-Poitou, où elle a toujours occupé une situation importante. Les branches existantes sont celles du Pally et des Moulinets. La première a fourni comme illustration contemporaine le général Louis-Armand, baron de Lespinay ; et la seconde, Monseigneur Henri de l'Espinay, vicaire général du diocèse de Luçon, représentant du peuple pour le département de la Vendée, en 1848, et protonotaire apostolique de S. S. Pie IX.

(1) De May porte : d'azur à la fasce d'or accompagnée de trois roses d'argent, 2 en chef et 1 en pointe. — Famille de Bretagne.

la Paclais, des Mesliers et de la Garde, épousa Jeanne-Françoise de Rieux de la Joliverie, dont il n'eut qu'une fille, demoiselle Jeanne-Ursule de Goulaines, dame de la Paclais, de la Garde et des Mesliers, mariée, en mai 1752, à Louis-Richard de Régnon, chevalier, s^r de la Ranconnière, du Simon, etc. De ce mariage deux enfants : 1° Louis-Bénigne-Jean de Régnon, et 2° Ursule-Suzanne-Véronique de Régnon, mariée à Augustin-Joseph de la Roche-Saint-André, auquel elle porta la terre de la Garde, possédée encore aujourd'hui par un de ses petits-enfants, Monsieur Alexandre de la Roche-Saint-André (1).

5° Lucrèce, qui épousa Philippe Tagault (2), chevalier, s^r de Ville-

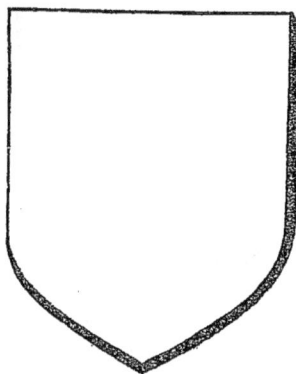

neuve et du Vieux-Romans, fils de Jean Tagault, écuyer, et de dame Elisabeth Gazeau, suivant contrat du 9 février 1650, reçu par Sauvereau et Girard, notaires (3).

Ils se firent mutuellement donation par acte passé à Saint-Maixent, le

---

(1) *Nobiliaire universel*, par M. de Saint-Allais, article de Goulaines, volume VIII, page 45.

(2) Tagault porte : . . . .

L'aïeul de Philippe Tagault, Jean Tagault, écuyer, épousa demoiselle Claude Bernard, suivant contrat du 14 décembre 1554, signé Jacquemot, et certifié par le syndic et conseil de Genève le 23 octobre 1660. Philippe Tagault reçut des lettres patentes de relief accordées par le Roi, par lesquelles Sa Majesté le relevait du défaut par Jean Tagault, son père, d'avoir pris la qualité d'écuyer dans son contrat de mariage, lettres données à Fontainebleau, le 31 août 1679.

(3) Note communiquée par MM. Beauchet-Filleau. Archives historiques, contenant les maintenues de noblesse, aux archives départementales de la Vienne, à Poitiers.

26 janvier 1653, devant Piet, notaire royal (1). Ils sont aussi mentionnés dans un acte du 5 juillet 1669, par Mérumoys et Datteau, notaires des baronnies de Puybelliard, Chantonnay et Sigournais.

6° Elisabeth, qui épousa Gédéon du Bois (2), sᵍʳ de la Tousche-

Levrault, fils de Jean du Bois, écuyer, sgr de la Tousche-Levrault et de la Billerie, et de dame Marie Conan, dame du Roch, ainsi qu'il appert du contrat de mariage de leur fille Julie-Elisabeth du Bois avec Louis-Henri Bellanger, chevalier, sᵍʳ du Luc, en date du 19 novembre 1683 (3).

7° Florimond, chevalier, sᵍʳ de Vanzay, Girondin, les Mothes, etc., père de la branche de Vanzay, qui s'est subdivisée en celles de Pouet et de la Giroulière, encore existantes.

8° Benjamin, chevalier, sᵍʳ de Chaillé, duquel sont issues les branches de Soulette et de la Naulière, aujourd'hui éteintes.

---

(1) Note communiquée par MM. Beauchet-Filleau et prise aux registres des insinuations de Saint-Maixent.

(2) Du Bois de la Tousche-Levrault porte : *d'or à une hure de sanglier de sable.* — Jehan du Bois, écuyer, sᵍʳ de la Tousche-Levrault et de la Billerie, fils de Claude du Bois, écuyer, sᵍʳ desdits lieux, habitait en 1600 la terre et maison noble de la Billerie, paroisse de Mareuil. Il épousa demoiselle Marie Conan, dont il eut entre autres enfants Gédéon du Bois, écuyer, sᵍʳ de la Tousche-Levrault, le mari d'Elisabeth Tinguy. On trouve cette famille alliée aussi aux Suzannet, aux Bellanger, aux Grugy-Marcillac, aux Caumont d'Ade, aux Jousseaume de la Bretesche, etc.

(3) *Dictionnaire des familles nobles du Poitou,* par MM. Beauchet-Filleau, articles du Bois et Bellanger. — Notes laissées par le baron de Bernon.

TINGUY

N..... varlet, sʳ de la Garde.

Philippe, varlet, sᵍʳ de la Garde. N.....

Jehan Prévost, varlet.
Jehanne.

Thomas, varlet, sᵍʳ du Puy de la Garde. N.....

Jehan, varlet. Olive.

Guillaume, varlet. N.....

Stéphanie. Geoffroy Vallon, chev.

Robert, éc., sᵍʳ de la Garde.
Françoise Chauchet, dame des Audayries.

Gilles, éc., sᵍʳ des Audayries.

Jehan, éc.

Catherine. Jacques Moreau, éc., sᵍʳ de la Saulzays.

Jehan, éc., sᵍʳ de la Garde. Suzanne Ortye.

Jehan, éc., sᵍʳ de la Garde. Marie Travers.

Philippe de Saint-Hilaire, éc., sᵍʳ de la Bougonnière,

Pierre, éc., sᵍʳ de la Garde. 1° Guillemette d'Avaugour, 2° Marguerite Allard, dame de Launay.

Catherine.

Crispe.
Isaac Chabot, chev., sᵍʳ de Chaigneau.

Benjamin, chev., sᵍʳ de Nesmy, etc... Anne Bertrand.

Jonas, chev., sᵍʳ de Vanzay.

Anne. Jacob de l'Espinay, la Garde, éc., sᵍʳ de Villaire, etc...

Philippe, éc., sᵍʳ de Philippe Tagault, du Bois, éc., sᵍʳ de la Tousche.

Louise.
Jehan, éc.

François, éc. Anne. Robert, éc., sᵍʳ des Mothes.

Jacob, éc. Abraham, éc. Anne. Suzanne. N... Le Blanc.

Elisabeth. Hercule Adam, éc., sᵍʳ de Puyraveau.

Abraham, chev., sᵍʳ de Nesmy.
1° Suzanne Bodin.
2° Marie Béjarry. Branches de Nesmy.

1° Perrette Béranger. 2° Suzanne Jaudouin. etc...

Jeanne de May.

Lucrèce. Elisabeth. Gédéon

Florimond, chev., sᵍʳ de Vanzay. Elisabeth Boucquet. Branches de Vanzay et du Pouët.

Benjamin, chev., sᵍʳ de Chaillé. Anne de Goulaines, dame de Soulette. Branches de Soulette et de la Naulière.

Suzanne-Israëlite. Philippe-Auguste Tinguy, éc., sᵍʳ de Launay.

Marie-Anne.

Bénigne-Honorée. Claude Camus, éc., sᵍʳ des Fontaines.

BRANCHE DE NESMY

VIII

ABRAHAM Tinguy, chevalier, sᵍʳ de Nesmy, les Audayries, Launay, la Turmelière, la Guittardière, etc., fils aîné et principal héritier noble de haut et puissant Benjamin Tinguy, chevalier, sᵍʳ de la Garde, les Audayries, Nesmy, etc., et de dame Anne Bertrand, fut parrain en l'église de Saint-Pierre de Nesmy, le 8 novembre 1634, suivant acte en latin, aux registres de cette paroisse (Frappier, curé de Nesmy) (1).

Il fournit un dénombrement pour raison de son fief de la Turmelière, dans la paroisse de la Ferrière-des-Chapelets, à messire Gabriel de Chasteaubriant, lieutenant-général pour Sa Majesté en Bas-Poitou, à cause de son château et châtellenie du Plessis-Chasteaubriant, à la date du 7 mai 1645, dont acte reçu par Lemoine et Arnaut, notaires de la baronnie de Brandois, au bas duquel est la réception, du 8 mai, signée Thibaudeau, et Bynet, greffier (2).

Abraham épousa demoiselle *Suzanne* Bodin (3), fille de Jacques Bodin, écuyer, sᵍʳ des Cousteaux, la Grollière, la Tousche, la Boucherie, etc., et de dame Marie Maréchal, suivant contrat du 18 juillet 1646, reçu par Martin et Guérin, notaires de la principauté de Talmont (4).

Abraham partagea noblement les biens des successions de ses père et

---

(1) Archives communales de Nesmy.

(2) Pièce énoncée dans la sentence de maintenue de noblesse du 14 juillet 1700, et relatée par Chérin.

(3) Bodin porte : *d'azur à un écusson d'argent accompagné de neuf besants d'or, posés en orle.* — Famille ancienne du Bas-Poitou. Guillaume Bodin, varlet, épousa Thomasse, qui était sa veuve en 1273. Sa lignée s'est divisée en plusieurs branches, et notamment celle de la Rollandière et de la Brunière, celle des Cousteaux, de la Grollière, de Saint-Bris et de la Boucherie, et celle de la Barre. Charles Bodin, écuyer, sᵍʳ des Cousteaux, de la Grollière et de la Boucherie, fut confirmé dans sa noblesse par sentence du 9 août 1667 : il était frère de Suzanne Bodin, femme d'Abraham Tinguy.

(4) Pièce énoncée dans la sentence de maintenue de noblesse du 14 juillet 1700, et relatée par Chérin.

mère avec Florimond Tinguy, l'un de ses frères puînés, par acte du 14 juillet 1658, par-devant Moriceau et Greffard, notaires de la baronnie de Brandois (1). L'année suivante, il fit une transaction en forme de partage avec un autre de ses frères, Jonas Tinguy, par-devant Bonègues et Robin, notaires de la principauté de la Roche-sur-Yon, le 25 novem-

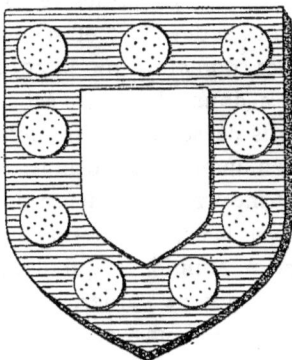

bre (2). Enfin il transigea de nouveau avec ses frères Florimond Tinguy, devenu s^{gr} de Vanzay, et Benjamin Tinguy, s^{gr} de Chaillé, pour arrêter définitivement avec eux le partage noble des successions de leurs père et mère, suivant acte passé au chastel de Nesmy, le 5 novembre 1661, par-devant Bertrand et Greffard, notaires de la baronnie de Brandois (3).

Il fut maintenant noble avec dame Jeanne de May, veuve de son frère Philippe Tinguy, écuyer, s^{gr} de la Garde et de la Guittardière, en 1666 (4).

Le 26 août 1675, il reçut de Charles Gazeau, écuyer, s^{gr} de la Greffelière, et s^{gr} supérieur du bourg de la Boissière, un aveu pour son hôtel et maison noble de la Boissière (5). L'année suivante, il recevait aussi un autre aveu de Pierre de la Haye-Montbault, chevalier, s^{gr} de la Merlatière et Raslière (6).

D'un écrit inséré aux registres paroissiaux de Nesmy, il résulte

---

(1 et 2) Pièces énoncées dans la sentence de maintenue de noblesse du 14 juillet 1700.

(3) Copie de cet acte rapportée dans une signification donnée, en 1680, à Monsieur et Madame des Chartres : aux archives de la Vollière.

(4) Catalogue des nobles de la Généralité de Poitiers, en 1666.

(5 et 6) *Dictionnaire des familles du Poitou*, par MM. Beauchet-Filleau, articles Gazeau et de la Haye-Montbault.

qu'Abraham donna, le 24 juillet 1676, quittance à Pierre Gennet, alors curé de Nesmy, qui lui avait payé la vente d'un contrat passé à son profit le 7 mai précédent. On y voit aussi qu'antérieurement, le 10 octobre 1602, il était intervenu un échange entre Isaac Chabot, écuyer, sᵍʳ du Chaigneau et de Nesmy, d'une part, et Louis Pénisson, prêtre, curé de Nesmy, d'autre part, concernant certains domaines situés et enclos dans le pré dudit sᵍʳ de Nesmy, et francs et quittes de toutes charges, tant de servage que de dîmes, de ventes et devoirs ; et même, ledit sᵍʳ de Nesmy les reconnaît, avec les autres domaines de la cure, tenus en franche aumône : c'est pourquoi il a donné le contre-échange de franche aumône, franche de tous droits de servage, dîmes, ventes et devoirs, consistant ledit contre-échange en un pré et pièce de terre sujette à la dîme au prieur de Chaillé-sous-les-Ormeaux. Par sentence du 3 décembre 1667, à la suite d'une plainte formée par le curé de Nesmy qui s'était trouvé lésé, le contrat d'échange fut cassé et annulé, ce qui donna au sᵍʳ de Nesmy, alors Abraham Tinguy, l'occasion de bailler, pour suppléer et récompenser la lésion (sic) de la cure de Nesmy, au sieur curé : en conséquence de quoi est intervenu un nouveau contrat entre le sᵍʳ de Nesmy et le sʳ curé, en date du 8 mai 1669, par-devant Bretaud et Bordier, notaires, par lequel le sᵍʳ de Nesmy donna pleine satisfaction, ajoutant encore plus tard, par contrat du 14 juillet 1671, de nouvelles concessions au profit de la cure de Nesmy (1).

Devenu veuf, Abraham épousa en secondes noces demoiselle *Marie* Béjarry (2), fille de Jacques Béjarry, écuyer, sᵍʳ de la Louerie, la Roche-Gueffier, etc., et de dame Marie Durcot, laquelle Marie Béjarry assista avec lui au contrat de mariage de son fils aîné Charles Tinguy, le 18 mars 1671 (3).

---

(1) Archives communales de Nesmy.

(2) Béjarry porte : *de sable à trois fasces d'argent*. — On trouve cette famille aux environs de Sainte-Hermine dès le xɪɪɪᵉ siècle. Thibault Béjarry, varlet, est nommé dans une sentence du sénéchal du Poitou, en 1250, et fit accord au sujet d'un procès en 1260. Les Béjarry ont été maintenus nobles en 1667, en 1694 et en 1715. Cette famille a formé plusieurs branches en Poitou, et a fourni de nombreux militaires distingués, entre autres un officier général des armées vendéennes, Amédée de Béjarry, qui fut un des deux officiers envoyés à Paris pour traiter de la paix avec la Convention, et plénipotentiaire au même titre à Nantes en 1797, puis député en 1816 et 1824. De nos jours, son petit-fils, aussi Amédée, comte de Béjarry, ancien chef de bataillon des mobiles de la Vendée, blessé à Champigny et à Montretout, est sénateur de la Vendée.

(3) Pièces énoncées dans la sentence de maintenue de noblesse du 14 juillet 1700, et relatées par Chérin.

Il mourut avant le 19 avril 1681. A cette date, en effet, il y eut partage de sa succession et de celle de dame Suzanne Bodin, sa première femme,

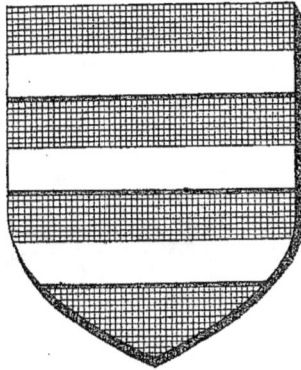

entre leurs enfants, dont acte donné par le sénéchal de la baronnie de Brandois, signé Godin, greffier (1).

Ils avaient eu pour enfants :

1° Charles, chevalier, sgr de Nesmy, etc., dont l'article suivra.

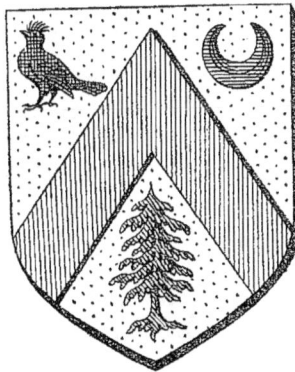

2° Livie, mariée à Pierre Le Geay (2), chevalier, sgr de la Vezinière, et

---

(1) Pièces énoncées dans la sentence de maintenue de noblesse du 14 juillet 1700, et relatées par Chérin.

(2) Le Geay porte : *d'or au chevron de gueules accompagné en chef à dextre d'un geai de sable, à senestre d'un croissant d'azur, et en pointe d'un pin de sinople.* — Cette famille a pour auteur André Le Geay, vice-sénéchal et prévôt général de la Province et Généralité de Poitou, sr de la Gestière, qui fut anobl par Henri IV par

qui partagea avec ses frères et sœurs le 19 avril 1681, dont il a été fait mention plus haut.

3° Elisabeth-Henriette, qui fut mariée à son cousin germain, François Bodin (1), chevalier, sᵍʳ des Cousteaux, la Grollière, la Boucherie, fils de Charles Bodin, écuyer, sᵍʳ desdits lieux, et de dame Marie Mauclerc, suivant contrat du 17 novembre 1674, reçu par Billard et Paradis,

notaires de la châtellenie et sirerie de Bessay (2). Elle tint sur les fonts baptismaux Marc-Antoine du Bois, fils d'Abraham du Bois, écuyer, sᵍʳ de la Tousche-Levrault, et de dame Hélène Suzannet, le 13 juillet 1692, dont acte aux registres paroissiaux de Mareuil (3).

4° Philippe-Auguste, écuyer, sᵍʳ de Launay, qui partagea avec ses frères et sœurs le 19 avril 1681. Il avait épousé, le 26 juillet 1672, demoiselle Suzanne-Israëlite Tinguy, sa cousine germaine, et fille de Jonas Tinguy, écuyer, sᵍʳ de Vanzay, et de dame Perrette Béranger, ainsi qu'on le voit par l'acte de mariage de leur fille Israëlite, dont il sera parlé plus loin. Il mourut le 23 novembre 1701, et fut inhumé dans l'église de Sainte-Pexine, dont acte aux registres de cette paroisse (4). Il laissait deux filles :

---

lettres patentes données à Fontainebleau, en juin 1609, pour avoir détruit la bande des Guillery. Ses enfants et petits-enfants s'allièrent aux Mauclerc, aux Tinguy, aux Suzannet, aux Aubert, aux de la Haye-Montbault, aux de Goué, etc.

(1) Bodin : voir page 21, annotation (3).

(2) *Dictionnaire des familles du Poitou*, par MM. Beauchet-Filleau, article Bodin : mariage mentionné par Chérin.

(3) Archives communales de Mareuil-sur-Lay.

(4) Archives communales de Sainte-Pexine.

a. Marie-Céleste, qui, le 20 avril 1695, tint sur les fonts baptismaux un second Marc-Antoine du Bois, fils d'Abraham du Bois, écuyer, s^gr de

la Tousche-Levrault, et de dame Hélène Suzannet, dont acte aux registres paroissiaux de Mareuil (1). Elle épousa Charles-Elie Royrand (2),

écuyer, s^gr de la Roussière, fils de. . . . .

. . . .

---

(1) Archives communales de Mareuil-sur-Lay.

(2) Royrand porte : *d'azur à un rencontre de buffle d'or accompagné de trois étoiles de même, 2 en chef et 1 en pointe.* — Famille du Bas-Poitou. Pierre Royrand, sénéchal de la Merlatière, tenait les assises de cette seigneurie pour Martin Rezay, écuyer, s^gr de Briort et de la Merlatière, et par-devant lui comparaissait entre autres Jehan de

ainsi qu'il appert de l'acte baptistaire de leur fille Suzanne-Henriette, en
date du 22 novembre 1698, aux registres paroissiaux de Saint-Fulgent (1),
et par l'acte baptistaire aussi de leur autre fille Hélène-Bénigne, en date
du 10 mars 1704, aux registres paroissiaux de Sainte-Pexine (2). —
b. Israëlite, mariée à Samuel Pinyot (3), écuyer, s^{gr} de la Largère, fils de

Samuel Pinyot, écuyer, s^{gr} de la Largère, et de dame Henriette de Chau-
vigny, suivant acte du 3 juillet 1702, aux registres paroissiaux de Sainte-
Pexine (4). La terre de Launay, sise en la paroisse de Sainte-Pexine, était
entrée dans la famille par le mariage de Pierre Tinguy, écuyer, s^{gr} de la
Garde et des Audayries, avec demoiselle Marguerite Allard, dame de
Launay du chef de sa mère dame Anne de la Bruère, fille de Nicolas de
la Bruère, écuyer, s^{gr} de Launay, lui-même fils, selon toute probabilité, de

---

Puitesson, écuyer, s^{gr} de Puitesson et Chauché, suivant acte du 27 janvier 1410.
(Archives du château de Puitesson.) Un membre de cette famille, Charles-Augustin
Royrand, chevalier, s^{gr} de la Petite-Roussière, retraité lieutenant-colonel en 1785,
fut un des premiers chefs vendéens en 1793, et eut le commandement d'une des
armées catholiques et royales.

(1) Archives communales de Saint-Fulgent.

(2) Archives communales de Sainte-Pexine.

(3) Pinyot porte : *d'argent au chevron de sable accompagné en chef de trois étoiles
de gueules, et en pointe d'un lion léopardé de gueules aussi.* — Famille originaire de la
Rochelle. Jean Pinyot, écuyer, s^{gr} de Puychenin ; Jean Pinyot, écuyer, s^{gr} de la Largère et de l'Hommetail ; Samuel Pinyot, écuyer, s^{gr} de la Largère aussi, et Françoise
Mauclerc, veuve de Pierre Pinyot, écuyer, s^{gr} de la Girardière, furent maintenus
nobles par sentence du 1er septembre 1667.

(4) Archives communales de Sainte-Pexine.

René de la Bruère, écuyer, sᵍʳ de Launay, en 1530 (1). Par son mariage avec Charles-Elie Royrand, Marie-Céleste Tinguy, dame de Launay, porta cette terre dans cette famille. On trouve, en effet, Charles Royrand, chevalier, sᵍʳ de Launay, probablement leur second fils, signant, le 16 mars 1726, l'acte de baptême de Charles-Aimé Royrand, fils de Samuel-Charles Royrand, écuyer, sᵍʳ de la Roussière, et de dame Louise-Jacquette Sajot, aux registres paroissiaux de Saint-Fulgent (2).

5º Renée, épouse de Léon de la Varenne (3), écuyer, sᵍʳ de la Ruffinière. fils de Léon de la Varenne, écuyer sᵍʳ de la Ruffinière, et de dame Louise

Jaudouin, suivant contrat du 3 mai 1677, reçu par Fayot et Gauvry, notaires (4), tous les deux dénommés comme copartageants dans l'acte du 19 avril 1681.

6º Samuel, chevalier, sᵍʳ des Audayries et de la Guittardière, dénommé au partage du 19 avril 1681, et qui servit au ban (5) des nobles du Poitou en 1691, et mourut sans postérité.

---

(1) *Dictionnaire des familles du Poitou*, par MM. Beauchet-Filleau, articles Allard et de la Bruère.

(2) Archives communales de Saint-Fulgent.

(3) De la Varenne porte : *d'azur au lion d'or surmonté de trois étoiles de même rangées en chef, et accompagné en pointe d'une fasce ondée d'argent.* — En 1448, Jehan de la Varenne recevait un aveu d'André Jouat, sʳ de la Boucherie. Il servit en archer en 1471, et fut désigné à l'arrière-ban du Poitou, en 1487, pour la garde d'Apremont. Léon de la Varenne fut maintenu noble par ordonnance des commissaires généraux en date du 8 août 1699, et encore par M. de Richebourg, le 14 septembre 1715.

(4) Note communiquée par MM. Beauchet-Filleau.

(5) Note communiquée par MM. Beauchet-Filleau. — Bans et arrière-bans du Poitou ; reg. 15, nº 29.

7° Marie-Anne, qui épousa, comme une de ses sœurs, son cousin germain Abraham Bodin (1), chevalier, sᵍʳ de Saint-Bris, fils puîné de Charles

Bodin, écuyer, sᵍʳ des Cousteaux, etc., et de dame Marie Mauclerc, comme on le voit dans le contrat de mariage de son neveu Pierre-Benjamin Tinguy, chevalier, sᵍʳ de Nesmy, auquel contrat Abraham Bodin assistait en qualité d'oncle paternel, à cause de défunte Marie-Anne Tinguy, sa première femme (2). Elle était donc décédée avant 1713, date de ce contrat, et son mari avait épousé en secondes noces demoiselle Marie Pinyot.

8° Auguste, écuyer, sᵍʳ de la Turmelière, qui partagea avec ses frères et sœurs le 19 avril 1681. Il signait en 1687 l'acte de mariage d'un certain Jean Robin, aux registres paroissiaux de Nesmy (P. Gennet, curé de Nesmy) (3). Il assista au ban des nobles du Poitou en 1690, et à celui de 1695, et faisait partie du deuxième escadron commandé par Monsieur Fouscher de Brandois (4). Il se trouve aussi porté dans la sentence de maintenue de noblesse, rendue à Poitiers, le 14 juillet 1700, par Monsieur de Maupeou en faveur de Charles Tinguy, écuyer, sᵍʳ de Nesmy ; Auguste Tinguy, écuyer, sᵍʳ de la Turmelière, et Abraham-

---

(1) Bodin : voir page 21, annotation (3).
(2) Grosse aux archives du château de Nesmy.
(3) Archives communales de Nesmy.
(4) Note communiquée par MM. Beauchet-Filleau. — Bans et arrière-bans du Poitou; reg. 15, nᵒˢ 28 et 31.

Théophile Tinguy, écuyer, s^{gr} de Vanzay (1). Il ne paraît pas qu'il ait laissé postérité.

9° Guy, chevalier de Nesmy, qui tint sur les fonts baptismaux Marie-Anne du Bois, fille d'Abraham du Bois, écuyer, s^{gr} de la Tousche-Levrault, et de dame Hélène Suzannet, le 21 octobre 1689, dont acte aux registres paroissiaux de Mareuil (2). Il servit au ban des nobles du Poitou en 1691 (3). Il mourut sans postérité.

IX

CHARLES TINGUY, chevalier, s^{gr} de Nesmy, la Guittardière, etc., épousa demoiselle *Israëlite-Henriette* MAUCLERC (4), dame de Saulnay, fille

de François Mauclerc, chevalier, s^{gr} de la Muzanchère, baron de Beaus-

---

(1) *Extraits* des archives du château de Nesmy en 1778. Archives historiques contenant les maintenues de noblesse, aux archives départementales de la Vienne, à Poitiers.

(2) Archives communales de Mareuil-sur-Lay.

(3) Note communiquée par MM. Beauchet-Filleau

(4) Mauclerc porte : *d'argent à la croix ancrée de gueules.* — Très ancienne famille, originaire de Bretagne, et qu'on trouve établie en Bas-Poitou dès le XIIIe siècle : elle y a toujours occupé une situation considérable, surtout aux XVIe et XVIIe siècles. Marie Mauclerc, dame du Ligneron, épousa vers 1295 Geoffroy Jousseaume, varlet, s^{gr} de Launay, non loin de Thouars. Un de ses petits-neveux, Julien Mauclerc, chevalier, s^{gr} du Ligneron, à son retour des guerres de François Ier en Italie, s'adonna à l'architecture. Guy Mauclerc, chevalier, s^{gr} de la Muzanchère, frère de la dame de Nesmy, était en 1687 grand maître enquêteur et général réformateur des eaux de France, en Poitou, Touraine, Berry, Bourbonnais et Marche. Pierre Mauclerc, chevalier, s^{gr} de la Muzanchère, était évêque de Nantes au siècle suivant.

sais, et de dame Françoise Le Geay de la Raslière, suivant contrat du 18 mars 1671, reçu par Delarüe et Butteau, notaires de la baronnie du Puybelliard (1).

Il fut fait un contrat de partage, ainsi qu'il a été déjà dit, des biens et successions de ses père et mère, entre lui comme aîné, Philippe Tinguy, Auguste Tinguy, et ses autres frères et sœurs, par le sénéchal de la baronnie de Brandois, en date du 19 avril 1681, signé Godin, greffier (2).

En août 1686, il rendit hommage au baron du Gué-Sainte-Flayve, pour raison de son fief de l'Evesquière, mouvant de ladite baronnie (3).

Le 14 juillet 1700, Monsieur de Maupeou, intendant de la Généralité de Poitiers, rendit une sentence de maintenue de noblesse en faveur de Charles Tinguy, écuyer, sgr de Nesmy, Auguste Tinguy, écuyer, sgr de la Turmelière, et Abraham-Théophile Tinguy, écuyer, sgr de Vanzay (4). Charles fit enregistrer ses armoiries, et reçut, l'année suivante, de Monsieur Charles d'Hozier, garde de l'armorial de France, une quittance, sur laquelle la maison de Tinguy est qualifiée noble de nom et d'armes (5), en date du 9 décembre 1701, et signée d'Hozier ; et à laquelle sont figurées les armes de Tinguy, qui sont : *d'azur à quatre fleurs de lys d'or* (6).

Devenu veuf, Charles épousa en secondes noces demoiselle *Jeanne-Suzanne* Gourjault (7), fille de. . . . .

. . . .

laquelle Jeanne-Suzanne Gourjault assistait, comme étant veuve du

---

(1) Pièce énoncée dans la sentence de maintenue de noblesse relatée dans les lignes suivantes ; elle est aussi mentionnée par Chérin.

(2) Pièce également énoncée dans la sentence de maintenue de noblesse du 14 juillet 1700, et mentionnée aussi par Chérin.

(3) Pièce mentionnée par Chérin.

(4) *Extraits* des archives du château de Nesmy en 1778. — Archives historiques contenant les maintenues de noblesse, aux archives départementales de la Vienne, à Poitiers.

(5) Les gentilshommes de nom et d'armes ou d'ancienne chevalerie sont ceux qui peuvent justifier de la possession d'un fief avant 1400, la propriété territoriale étant le caractère distinctif de la féodalité.

(6) *Extraits* des archives du château de Nesmy en 1778.

(7) Gourjault porte : *de gueules au croissant d'argent.* — La maison de Gourjault est une des plus anciennes du Poitou et de la Touraine. Hugues Gourjault vivait au xiie siècle. Un autre Hugues Gourjault, gentilhomme poitevin, faisait partie de la première croisade de saint Louis (Musée de Versailles). Cette famille a été maintenue dans sa noblesse en 1667 et 1699.

sᵍʳ de Nesmy, au contrat de mariage du fils aîné de celui-ci, Pierre-Benjamin Tinguy, le 19 juin 1713 (1).

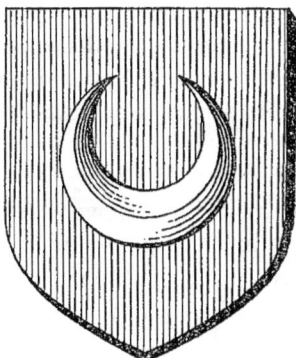

Charles de son premier mariage avait eu plusieurs enfants :

1° Pierre-Benjamin, chevalier, sᵍʳ de Nesmy, Saulnay, etc., dont l'article suivra.

2° Israëlite, demoiselle de Nesmy, qui partagea avec ses frères et sœur, suivant acte du 12 novembre 1709, reçu par Caillon et son confrère, notaires de la baronnie de Brandois (2).

3° Marie-Charlotte, qui signa l'acte de baptême d'un certain Pierre Châtaigner, dont son frère aîné Pierre-Benjamin était le parrain, lequel acte aux registres paroissiaux de Nesmy, en date du 12 mai 1695 (Beillevert, curé de Nesmy) (3). Elle mourut, sans doute, avant le partage du 12 novembre 1709, puisqu'elle n'y paraît point.

4° Elisabeth-Henriette, demoiselle de la Guittardière, dénommée comme copartageante dans l'acte du 12 novembre 1709.

5° François-Samuel, chevalier, sᵍʳ de Chaillé, né vers 1682, partagea le 12 novembre 1709, assista au contrat de mariage de son frère aîné, le 19 juin 1713, et au baptême du fils aîné de celui-ci, le 5 novembre 1715. Décédé à l'âge de 47 ans, il fut inhumé dans le chœur de l'église de Nesmy, dont acte du 10 mai 1729, aux registres paroissiaux (Rousseau, curé de Nesmy) (4).

---

(1) Archives du château de Nesmy.
(2) Pièce mentionnée par Chérin.
(3 et 4) Archives communales de Nesmy.

6º Jacques, chevalier, s^{gr} de la Grève, né au château de Nesmy, le 25 mai 1687, et baptisé le lendemain, suivant acte aux registres paroissiaux de Nesmy (P. Gennet, curé de Nesmy) (1). Il partagea le 12 novembre 1709; fut présent au baptême du fils aîné de son frère Pierre-Benjamin, le 6 novembre 1715 ; fut parrain du second fils de celui-ci, le 10 décembre 1716, et du sixième fils du même, le 30 janvier 1724. Il mourut en 1741, et fut inhumé dans l'église de Nesmy, d'après acte du 6 juillet, aux registres paroissiaux (Surineau de la Guessière, curé de Nesmy) (2).

7º Pierre-Abraham, chevalier de Nesmy, s^{gr} de la Forestrie et de la Braudière, né en 1691, partagea le 12 novembre 1709. Il était lieutenant au régiment de la Faire, au moment du mariage de son frère aîné, au contrat duquel il était présent, le 19 juin 1713. Il tint sur les fonts baptismaux le troisième fils de celui-ci, le 5 novembre 1718. Vers 1740, il

épousa demoiselle Céleste-Louise Morisson (3), fille de René Morisson, écuyer, s^{gr} de Vernay, et de dame. . . . .

(1 et 2) Archives communales de Nesmy.

(3) Morisson porte : *de sable à trois épées d'argent, posées 1 en pal et 2 en sautoir, une merlette en pointe du second.* — Geoffroy Morisson était châtelain de Talmont en 1375. Jean et Georges Morisson paraissent au ban des nobles du Poitou, sous Louis XI. Jean-Baptiste Morisson, écuyer, s^{gr} de la Bassetière, et Charles Morisson, écuyer, s^{gr} de Bourgchaussé, vivaient en 1696. Cette famille a donné plusieurs officiers à l'armée : Constant-Hubert Morisson de la Bassetière fut aide-major général de Cadoudal : ses deux frères avaient péri à Quiberon ; son fils Henri a été longtemps conseiller général de la Vendée ; son petit-fils, Edouard Morisson de la Bassetière, et son arrière-petit-fils, Louis Morisson de la Bassetière, ont été tous les deux successivement députés de la Vendée.

. . . . ainsi qu'il appert d'une transaction pour partage passée entre ledit Pierre-Abraham Tinguy et dame Céleste Louise Morisson, sa femme, d'une part, et dame Louise-Françoise (*aliàs* Rose) Morisson, veuve de François Morisson, écuyer, sᵍʳ de la Naulière, d'autre part ; ladite transaction intervenue à la suite du décès de René Morisson, écuyer, sᵍʳ de Vernay, père de la dame de Tinguy, et frère de la dame de la Naulière, en date du 29 octobre 1735 (1). Céleste-Louise Morisson, décédée en 1743, fut inhumée dans le cimetière de Nesmy, le 9 juillet, suivant acte aux registres de cette paroisse (Surineau de la Guessière, curé de Nesmy) (2). Son mari lui survécut jusqu'en 1761, et mourut à la Braudière, en la paroisse de Nesmy, à l'âge de 70 ans, le 26 décembre : il fut inhumé le lendemain dans le cimetière de Nesmy ; dont acte aux registres de cette paroisse (Mignonneau, curé de Nesmy) (3). Ils avaient eu deux filles : *a.* Marie-Céleste, baptisée le 3 juillet 1741, suivant acte aux registres paroissiaux de Nesmy (Surineau de la Gues-

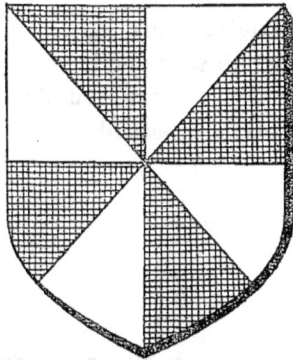

sière, curé de Nesmy) (4). Elle épousa Victor Le Roux (5), chevalier, sᵍʳ de la Routière, fils aîné de Victor Le Roux, chevalier, sᵍʳ de la Routière, et de dame Charlotte Baudry, suivant acte aux registres paroissiaux de Nesmy, en date du 13 juillet 1762 (Mignonneau, curé de Nesmy) (6). — *b.* Louise-Fortunée, baptisée le 6 août 1742, dont acte aux registres

(1) Note communiquée par M. Eugène Jannet de Lépinay.
(2) 3 et 4) Archives communales de Nesmy.
(5) Le Roux porte : *gironné d'argent et de sable de huit pièces.* — Famille poitevine, connue aussi sous les qualifications de Le Roux, sᵍʳˢ de la Corbinière, de Le Roux, sᵍʳˢ de la Roche-les-Aubiers, etc.
(6) Archives communales de Nesmy.

paroissiaux de Nesmy (Surineau de la Guessière, curé de Nesmy) (1), et mariée, croyons-nous, à Louis-Joseph de Lespinay (2), chevalier, s^{gr} de Beauregard, fils de Samuel-Florent de Lespinay, écuyer, s^{gr} de la Roche-

Boulogne, et de dame Madeleine Gauvain, sa seconde femme, qu'elle aurait laissé veuf avant 1761, ainsi qu'on le voit par l'acte du second mariage dudit Louis-Joseph de Lespinay, veuf de demoiselle Louise de Tinguy, avec demoiselle Marie-Elisabeth Morisson de la Naulière, lequel acte est inscrit aux registres paroissiaux de Saint-Julien-des-Landes, en date du 12 janvier 1761 (3).

X

PIERRE-BENJAMIN Tinguy, chevalier, s^{gr} de Nesmy en Nesmisois (*sic*), Nesmy en Grève, la Guittardière, Chaillé, Saulnay, les Audayries, etc., fut, en 1695, parrain d'un certain Pierre Châtaigner, suivant acte baptistaire, en date du 12 mai, aux registres paroissiaux de Nesmy (Beillevert, curé de Nesmy) (4).

Messire Pierre Viaud, prêtre, curé de Saint-Hilaire-de-Riez, au nom de Pierre-Benjamin Tinguy, en tant que fils aîné et principal héritier noble de dame Israëlite Mauclerc, rendit hommage à la baron-

---

(1) Archives communales de Nesmy.
(2) De Lespinay. Voir page 16, annotation (6)
(3) Archives communales de Saint-Julien-des-Landes.
(4) Archives communales de Nesmy.

nie de Riez, pour son hôtel noble, terre et seigneurie de Saulnay, suivant acte du 16 juin 1712, reçu par Degombe et Meschin, notaires de ladite baronnie (1).

L'hôtel noble de Saulnay était situé près le bourg de Riez. En avaient fait hommage à la baronnie de Riez, en 1601, Pierre Mauclerc, écuyer, sᵍʳ de la Muzanchère; en 1563, le père de celui-ci, Nicolas Mauclerc, écuyer, aussi sᵍʳ de la Muzanchère ; en 1476, Mathurin de la Rive, à cause de Jehanne Guillard, sa femme, laquelle avait été veuve en premières noces de Guy Mauclerc; en 1463, ledit Guy Mauclerc lui-même ; en 1450, demoiselle Catherine de Saint-Aignan, veuve de Jehan Pillot (2).

Pierre-Benjamin épousa demoiselle *Marie-Anne* Cicoteau (3), fille de

---

(1) Grosse aux archives départementales de la Vendée.

(2) *Annuaire de la Société d'Emulation de la Vendée,* 31ᵉ année, 3ᵉ série, vol. IV.

(3) Cicoteau porte : *d'azur à la croix pattée d'argent, cantonnée de quatre besants de même, à la bordure cousue de gueules, chargée de six étoiles du second.* — Thomas Cicoteau, sʳ de la Boynard, vivait en 1620 : il était greffier de la baronnie des Essarts, et avait épousé demoiselle Marie Jacquelein. Son fils puîne Baptiste Cicoteau, sʳ de la Tousche, fut procureur fiscal de la baronnie des Essarts ; de sa seconde femme, demoiselle Michelle Grassineau, il eut Louis Cicoteau, sʳ de la Tousche, marié à demoiselle Claude-Elisabeth Babin, et dont le fils, aussi Louis Cicoteau, écuyer, sᵍʳ de la Tousche, Linières, Ardenne, Charzay, etc., père de la dame de Nesmy, reçut des lettres de noblesse, au mois de juin 1701, lesquelles furent enregistrées au Parlement le 27 juillet, et au Bureau des finances de Poitiers le 31 novembre de la même année. Sa sœur, Charlotte Cicoteau, avait épousé Claude Le Bœuf, écuyer, sᵍʳ de la Noue ; sa seconde fille, Renée Cicoteau, fut mariée à Joseph de Nossay, chevalier, sᵍʳ du Châtellier ; et Louise-Félicité Cicoteau, fille de son fils Louis-Venant Cicoteau, écuyer, sᵍʳ de Linières, etc., s'allia avec Alexis-Samuel de l'Espinay, chevalier, sᵍʳ du Pally.

Louis Cicoteau, écuyer, sgr de la Tousche, châtelain d'Ardenne, Linières, etc., conseiller du Roi, juge magistrat au siège royal de la sénéchaussée de Fontenay-le-Comte, et de dame Renée Massoteau, suivant contrat du 19 juin 1713, reçu par Goguet et Allard, notaires à Fontenay-le-Comte. La bénédiction nuptiale fut donnée dans l'église de Notre-Dame de Fontenay (1).

Le 25 juin 1718, Monsieur de la Tour, intendant dans la Généralité de Poitiers, rendit une sentence par laquelle Pierre-Benjamin Tinguy, chevalier, sgr de Nesmy, etc. ; Samuel Tinguy, écuyer, sgr de Chaillé, son frère ; demoiselles Marie-Anne Tinguy et Bénigne-Honorée Tinguy, filles de défunt Jonas Tinguy, écuyer, sgr de Vanzay, sont maintenus nobles, sur la présentation de leurs titres justificatifs (2).

Pierre-Benjamin rendit hommage à Jérôme Phélippeaux, baron de Riez, pour son fief de Saulnay, le 23 juin 1728 (3). Puis, à la même baronnie, il fit encore aveu de la Rousselottière, en la paroisse de Saint-Hilaire-de-Riez, suivant acte du 12 avril 1734, par-devant Tardy et Gounord, notaires de ladite baronnie de Riez (4).

Il mourut au château de Nesmy, et fut inhumé dans l'église paroissiale, le 16 février 1745, suivant acte aux registres de la paroisse (Surineau de la Guessière, curé de Nesmy (5).

Sa veuve, dame Marie-Anne Cicoteau, transigea avec ses enfants, au sujet de la dissolution de leur communauté, par acte sous seing privé passé au château de Nesmy, le 12 décembre 1747 (6).

Leurs enfants furent :

1° Marie-Anne-Renée, demoiselle de Nesmy. Avec son oncle Jacques Tinguy, chevalier, sgr de la Grève, elle tint sur les fonts baptismaux son plus jeune frère, François-Prosper, suivant acte aux registres paroissiaux de Nesmy, en date du 30 janvier 1724 (Rousseau, curé de Nesmy) (7). Elle fut également marraine de Charles-François-Marie Espinaceau, fils de Jacques Espinaceau, écuyer, sgr de la Jolivetière, et de dame Françoise

---

(1) Archives du château de Nesmy. — Preuve pour la Grande Ecurie de François-Prosper de Tinguy de Nesmy. — Acte relaté par Chérin.
(2) Preuve pour la Grande Ecurie de François-Prosper de Tinguy de Nesmy. — Pièce mentionnée par Chérin.
(3) Note communiquée par MM. Beauchet-Filleau.
(4) Grosse aux archives départementales de la Vendée.
(5) Archives communales de Nesmy.
(6) Original aux archives départementales de la Vendée.
(7) Archives communales de Nesmy.

Landriau, suivant acte baptistaire aux registres paroissiaux de Nesmy, en date du 7 janvier 1729 (Gobin, curé de Nesmy) (1). Enfin, elle fut encore marraine de sa nièce Anne-Louise-Benjamine de Tinguy, suivant acte de baptême du 4 mars 1767, aux registres paroissiaux de Nesmy (Mignonneau, curé de Nesmy) (2).

2° Charles-Louis, chevalier, sgr de Nesmy, etc., dont l'article suivra.

3° Jacques-Benjamin, baptisé le 10 décembre 1716, suivant acte aux registres paroissiaux de Nesmy (Rousseau, curé de Nesmy) (3), et sans doute décédé jeune.

4° Pierre-Abraham-Hubert, baptisé le 5 novembre 1717, suivant acte aux registres paroissiaux de Nesmy (Rousseau, curé de Nesmy) (4).

5° Marc-Antoine, chevalier, sgr de Saulnay, baptisé le 25 mai 1720, suivant acte aux registres paroissiaux de Nesmy (Rousseau, curé de Nesmy) (5). Il épousa demoiselle Thérèse Boutou de la Baugisière (6), fille

de Maximilien Boutou, chevalier, sgr de la Baugisière, et de dame Suzanne Fleury, suivant contrat du 23 août 1757, mentionné dans l'inventaire, en date des 1er et 15 janvier 1784, qui fut fait des meubles, effets mobiliers

(1, 2, 3, 4 et 5) Archives communales de Nesmy.

(6) Boutou de la Baugisière porte : *d'argent à trois roses de gueules boutonnées d'or, et posées 2 et 1*. — Famille ancienne du Bas-Poitou. Hugues Boutou était à la première croisade : il fut tué, le 17 mai 1102, à la bataille de Rames, dans la Terre Sainte. Pierre Boutou, écuyer, sgr de la Baugisière, vivait en 1253, et avait épousé demoiselle Lyette de Chassenon. Girard Boutou, un de ses fils, chevalier, mourut en 1315, ordonnant qu'on l'enterrât dans l'église de Notre-Dame de Fontenay. Philippe Boutou, chevalier, sgr de la Baugisière, fut confirmé dans sa noblesse par Barentin, le 23 décembre 1667.

et papiers de ladite feue dame Thérèse Boutou de la Baugisière, décédée à Fontenay-le-Comte, le 27 décembre 1783 (1). Dans le *Nobiliaire du Poitou* on lit : « M. de Saulnay est le frère cadet de M. de Nesmy : on « lui donne 10 à 12 mille livres de rente. Il vient d'avoir une fille après « 15 ans de mariage » (2). Le 10 mai 1751, Marc-Antoine avait rendu hommage de Saulnay aux grandes assises de Riez, dont acte dressé par Nicolas Petiteau, procureur fiscal de la seigneurie de Riez, signé Jodet, greffier(3). Ainsi que nous l'avons vu plus haut, Monsieur et Madame de Saulnay eurent en 1772 une fille qui mourut très jeune, selon toute apparence, puisqu'on ne rencontre plus trace d'elle ; puis, l'année suivante, le 12 janvier 1773, il leur naquit un fils, Charles-Benjamin, à Fontenay-le-Comte. Celui-ci, reçu pensionnaire à l'école militaire, le 1er octobre 1787, en sortit le 22 mars de l'année suivante (4). Il émigra en 1792, ainsi que le prouve une déclaration émanant du district de Fontenay, à l'effet de décharger le citoyen Vinet de sa tutelle onéraire dudit Charles-Benjamin de Tinguy de Saulnay, par suite de l'émigration de son pupille (5). Il est décédé à la Verrie, le 19 novembre 1811.

6º Pierre-Auguste, chevalier, sgr des Audayries, fut baptisé le 25 juillet 1721, suivant acte aux registres paroissiaux de Nesmy (Rousseau, curé de Nesmy) (6). Il prit du service et devint capitaine au régiment de Piémont-Infanterie, et chevalier de Saint-Louis. En 1762, il assista au mariage de sa cousine Marie-Céleste Tinguy avec Victor Le Roux, chevalier, sgr de la Routière. Il mourut le 13 avril 1784, à sa terre des Audayries, ainsi qu'il est dit dans l'inventaire qui fut fait des meubles, effets mobiliers, etc., de sa succession, sous les seings de ses héritiers, en date du 23 juillet 1784 (7). Ce fut à cette occasion du règlement de sa succession que la terre des Audayries sortit de la famille par aliénation.

7º François-Prosper, chevalier de Nesmy, fut baptisé le 30 janvier 1724, suivant acte aux registres paroissiaux de Nesmy (Rousseau, curé de Nesmy) (8). Il fit ses preuves de noblesse pour être admis comme page de la Grande Ecurie du Roi, sous le commandement du prince Charles

---

(1) Expédition dudit inventaire aux archives départementales de la Vendée.
(2) Note communiquée par MM. Beauchet-Filleau.
(3) Original aux archives départementales de la Vendée.
(4) *Nobiliaire universel de Saint-Allais*, tome XII.
(5) Archives départementales de la Vendée.
(6) Archives communales de Nesmy.
(7) Original aux archives départementales de la Vendée.
(8) Archives communales de Nesmy.

de Lorraine, Grand Ecuyer de France, comme en fait foi le certificat
délivré par Monsieur d'Hozier, en date de Paris, 23 mars 1741 (1). En
1747, il était lieutenant au régiment de Piémont-Infanterie. Il ne paraît
pas qu'il ait pris alliance.

XI

CHARLES-LOUIS de Tinguy, chevalier, sgr Marquis de Nesmy, la
Guittardière, Chaillé-sous-les-Ormeaux, la Greffelière, l'Aubouinière, etc.,
est né au château de Nesmy, et fut baptisé le 5 novembre 1715, suivant
acte aux registres paroissiaux de Nesmy (Rousseau, curé de Nesmy) (2).

Il était, en 1758, lieutenant dans l'escadron de Monsieur de la Salle, au
ban de la noblesse du Bas-Poitou, convoqué à Fontenay-le-Comte par
le maréchal de Senecterre.

A la fin de la même année, il épousa demoiselle *Marie-Anne-Elisabeth-*

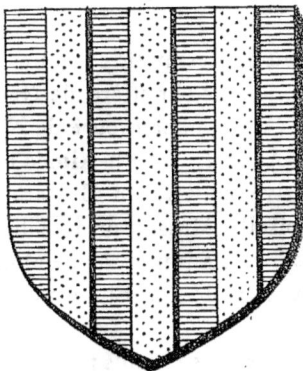

Aimée de Montsorbier (3), fille de Charles-Isaac de Montsorbier, cheva-

---

(1) Bibliothèque nationale, cabinet des titres, 281, p. 23.

(2) Archives communales de Nesmy.

(3) De Montsorbier porte : *d'azur à trois pals d'or.* — Vieille famille poitevine. En
1290, Eustache de Montsorbier, chevalier, vendait, de concert avec Guy de Chau-
vigny, une rente à l'évêque de Poitiers. Vers 1500, Pierre de Montsorbier, écuyer,
sgr de la Baumenière, rendait aveu de cette terre à Pierre d'Anché, écuyer, sgr de Valleu-
fray. Jean de Montsorbier, écuyer, vint s'établir en Poitou, et fut sgr de la Cavetière
par son mariage avec demoiselle Nicole Herbertin, laquelle rendait aveu de cette
terre à Pierre Durcot, écuyer, sgr de l'Estang, le 19 mars 1537. Mathurin de Montsorbier, écuyer, était sgr de la Cavetière et de la Brallière en 1586.

lier, ŝgr de la Brallière, et de dame Jeanne Bégaud, suivant contrat du
12 décembre 1758, reçu par Thoumazeau, notaire à Saint-Fulgent (1). Le
mariage fut célébré dans l'église de Bazoges-en-Paillers (2).

Dans le *Nobiliàire du Bas-Poitou*, et au sujet de Charles-Louis de
Tinguy, il est dit : « M. de Nesmy, très bonne maison de noblesse : il a
« 20,000 livres de rente, demeure dans la paroisse de Nesmy l'hiver et
« l'été : il a épousé Mademoiselle de Montsorbier. M. de Saulnay est
« son frère cadet, etc... MM. de Nesmy et de Saulnay ont encore un frère,
« le chevalier de Nesmy, qui vit en son particulier, et une sœur qui a
« son ménage à Fontenay. Le nom de M. de Nesmy est *Tinguy* (3). »

Sur la demande de ses cousins Benjamin et Jean-François de Tinguy du Pouët, alors en instances pour être admis dans l'Ordre de Malte,
Charles-Louis fit faire des extraits de certains papiers de famille, pour
servir à fournir les preuves de noblesse exigées ; lesquels extraits transcrits, vidimés et collationnés sur les originaux, suivant acte passé en la
ville de la Roche-sur-Yon, le 3 août 1778, et ainsi signé : Charles-Louis
de Tinguy de Nesmy, Goupilleau, notaire royal, et Porchier, notaire
royal (4).

Il mourut en son château de Nesmy. le 21 août 1783, âgé de 68 ans, et
fut inhumé le lendemain dans le cimetière de Nesmy, suivant acte aux
registres de cette paroisse (Mignonneau, curé de Nesmy) (5).

Sa veuve, dame Marie-Anne-Elisabeth-Aimée de Montsorbier, paraît
dans un acte sous seing privé, en date du 23 mars 1784, portant partage
de la succession de demoiselle Massoteau de Châtillon, y agissant au
nom de ses enfants, en représentation de dame Marie-Anne Cicoteau de
la Tousche, leur aïeule paternelle (6). Elle est décédée à Nesmy, le 22
pluvîose an XII.

Charles-Louis avait eu plusieurs enfants :

1° Marie-Anne-Elisabeth, baptisée le 3 décembre 1759, suivant acte
aux registres paroissiaux de Nesmy (7). Elle épousa Henri-Charles de
Sallo (8), chevalier, ŝgr marquis du Plessis-Chasteaubriant, lieutenant de

---

(1) Acte mentionné par Chérin.
(2) Note aux archives du château de Nesmy.
(3) Note communiquée par MM. Beauchet-Filleau.
(4) Original aux archives de la Viollière.
(5) Archives communales de Nesmy.
(6) Original aux archives départementales de la Vendée.
(7) Archives communales de Nesmy.
(8) De Sallo porte : *de gueules à trois fers de lance émoussés d'argent*, aliàs : *de*

louveterie du Roi, fils de Daniel-Henri de Sallo, chevalier, s^{gr} du Plessis-Sallo, et de défunte dame Renée Gaborin de Puymain, suivant acte du

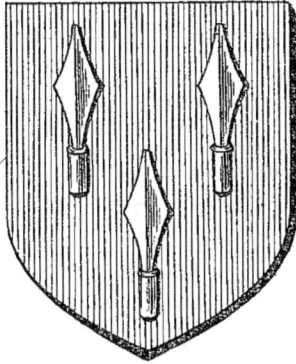

21 janvier 1777, aux registres paroissiaux de Nesmy (Mignonneau, curé de Nesmy) (1). Devenue veuve le 4 mai 1778, elle s'est remariée, le 22

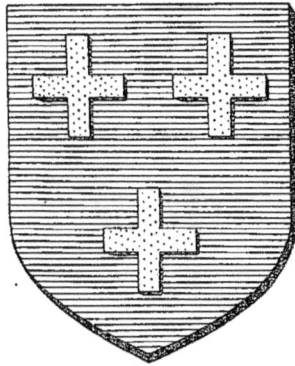

février 1788, à Charles-François-Marie comte de Chouppes (2), fils de

gueules à trois rocs d'échiquier d'argent. — Au XIIIe siècle, Pierre Sallo, écuyer, s^{gr} de la Garanjouère, passait un accord avec Pierre Robert, écuyer, s^{gr} de la Baritaudière, en date du 13 juin 1492. Denys de Sallo, chevalier, s^{gr} de la Coudraye, peut être regardé comme le fondateur du journalisme. C'est, en effet, lui qui, le premier, eut l'idée de créer, en 1665, une publication périodique, le *Journal des Savants*. René de Sallo de Semagne fut reçu chevalier de Malte le 7 juin 1631, et devint dignitaire de l'Ordre. Robert de Sallo de Semagne fut reçu dans le même Ordre en 1667. Daniel-Henri de Sallo, écuyer, s^{gr} de Semagne, le Plessis-Sallo, etc., fut maintenu noble par Barentin le 23 septembre 1667.

(1) Archives communales de Nesmy.

(2) De Chouppes porte : *d'azur à trois croisettes d'or.* — Ancienne famille originaire

Jean-Charles-René de Chouppes, chevalier, sgr marquis de Chouppes, et de dame Anne-Henriette de la Place de Torsac. Le comte de Chouppes commanda une division vendéenne des environs de la Roche-sur-Yon, et fut tué à la tête de ses paysans, au mois de décembre 1793.

2° Anne-Louise-Benjamine, baptisée le 4 mars 1767, suivant acte aux registres paroissiaux de Nesmy, et décédée vingt mois après au château de Nesmy (1).

3° Charles-Auguste, né au château de Nesmy, le 3 septembre 1768, baptisé le lendemain, suivant acte aux registres paroissiaux de Nesmy, et décédé enfant (2).

4° Thérèse-Delphine, baptisée le 4 février 1770, d'après acte aux registres paroissiaux de Nesmy, et décédée le 13 avril de l'année suivante (3).

5° Louis-Ferdinand, dont l'article suivra.

6° Henri-Honoré, auteur de la seconde branche de Nesmy.

7° Armand-Félicité, chevalier de Nesmy, baptisé le 18 septembre 1775, suivant acte aux registres paroissiaux de Nesmy (4), et décédé sans alliance à la Rochelle, le 8 pluviôse an VIII.

XII

LOUIS-FERDINAND marquis DE TINGUY DE NESMY naquit au château de Nesmy, le 18 juillet 1771, et fut baptisé le lendemain, suivant acte aux registres de l'église paroissiale (5).

Il assista par procureur à l'assemblée des nobles du Poitou convoquée à Poitiers, en 1789, pour nommer des députés aux Etats généraux.

Le 8 Germinal an XI, il épousa, à Nesmy, sa nièce, demoiselle *Henriette-Fortunée-Jacquette* DE SALLO (6), fille unique de Henri-Charles de Sallo, chevalier, sgr marquis du Plessis-Chasteaubriant, et de dame Marie-Anne-Elisabeth de Tinguy de Nesmy.

---

du Mirebalais, où se trouve le fief de Chouppes. Guillaume de Chouppes vivait en 1281, et était qualifié chevalier. Cette famille a fourni aux armées plusieurs officiers distingués, et, entre autres, Pierre, marquis de Chouppes, lieutenant-général, gouverneur de Belle-Isle, ambassadeur à la cour de Lisbonne, etc., sous Louis XIII et Louis XIV.

(1, 2, 3, 4 et 5) Archives communales de Nesmy.

(6) De Sallo : voir page 41, annotation (8).

Il mourut au château de Nesmy le 17 avril 1816, ne laissant de sa

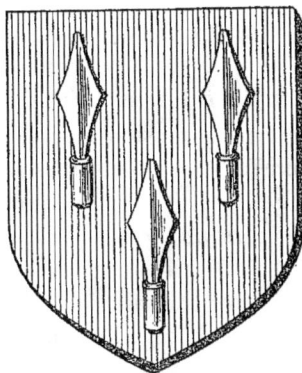

femme, qui l'avait précédé dans la tombe, qu'un fils unique dont l'article suit.

XIII·

CHARLES-LOUIS marquis DE TINGUY DE NESMY naquit au château de Nesmy, le 15 novembre 1813.

Il épousa demoiselle *Mathilde-Sophie* LOCQUET DE GRANDVILLE (1), fille

---

(1) Locquet de Grandville porte : *d'azur à trois pals d'or, au chef cousu d'azur chargé dune colombe essorante du second.* — Famille de Bretagne. Charles Locquet, écuyer, sᵍʳ de Grandville (évêché de Saint-Malo, ressort de Rennes), fut maintenu noble le

de Monsieur Aristide Locquet de Grandville, qui fut, en 1848, député de la Loire-Inférieure, et de Madame Sophie de Martel, suivant contrat du 30 juin 1836, en l'étude de maître Desvignes, notaire à Nantes.

En 1848, le marquis de Tinguy fut élu par le département de la Vendée représentant du peuple à l'Assemblée Législative. En juillet 1850, il prit une part active à la discussion de la loi sur la Presse, et fit voter l'amendement qui soumet à la signature les articles de discussion politique, philosophique ou religieuse dans les journaux, et rend ainsi, fort équitablement, chacun personnellement responsable de ce qu'il écrit.

Entièrement dévoué au vrai droit monarchique, qui seul, pensait-il, peut sauver le pays, le marquis de Tinguy obéit à Monsieur le Comte de Chambord, et se retira de la vie politique plutôt que de prêter le serment exigé par le gouvernement de l'Empire.

Rentré dans la vie privée, il occupa ses loisirs par l'étude des grandes questions alors en controverse. Il publia notamment en 1858 une brochure contre le libre-échange ; puis, la même année, une seconde intitulée *Le Budget de 1858*. Quelques mois après, il produisit un nouvel opuscule, sous le titre *Le Laïcisme* ; et, à cette occasion, il reçut de Monsieur le Comte de Chambord la lettre suivante :

« Frohsdorff, le 5 octobre 1859.

« Je veux, Monsieur le Marquis, vous remercier ici de votre bonne let-
« tre, et de l'écrit dont elle accompagnait l'envoi.

« Liberté de l'Église dans les choses spirituelles, indépendance de
« l'Etat dans les choses temporelles, accord de l'un et de l'autre dans les
« questions mixtes : tels sont les vrais principes qui doivent régler les
« rapports des deux puissances entre elles, pour le bien de la religion
« et le bonheur des peuples. C'est ma conviction comme la vôtre ; et je
« ne doute pas qu'elle ne soit bientôt partagée par tous les esprits droits
« et les nobles cœurs.

---

28 janvier 1700. Il était, en 1704, général des finances à Rennes, et épousa demoiselle Gillette de Rotrou ; il fut père de : 1° Etienne-Julien Locquet de Grandville, lieutenant-général, illustré par la défense d'Ingolstadt, en 1743 ; 2° Charles Locquet de Grandville, marié à demoiselle Marie-Céleste Gaubert de Cérisay, dont Charles-Jean Locquet de Grandville, marquis de Fougeray ; Marie-Céleste-Perrine, mariée à Louis-Joseph de Beaumont, marquis d'Autichamp, tué à Lawfeld, en 1747, Thérèse Gillette mariée au maréchal duc de Broglie ; enfin, une autre fille, épouse du lieutenant-général marquis de Coatquen, et mère de la duchesse de Duras.

« Je me félicite de pouvoir vous redire encore combien j'ai été charmé
« de vous voir, il y a quelques années, avec vos enfants à Frohsdorff.
« Faites-leur, je vous prie, tous mes compliments, et recevez vous-même,
« avec la nouvelle assurance de ma vive gratitude pour votre fidèle
« dévouement, celle de ma bien sincère et constante affection.

« HENRY.

« A Monsieur le Marquis de Tinguy (1). »

Légitimiste avec le Roi, le marquis de Tinguy était aussi catholique
avec le pape. Il n'avait pas attendu les décisions du concile du Vatican
pour affirmer hautement sa foi dans l'Infaillibilité Pontificale en matière
de dogme.

Après la chute de l'Empire, il s'obstina à rester en dehors de la vie
politique, et ses dernières années se passèrent à Nesmy, qu'il ne quitta
plus, pour ainsi dire, y faisant le bien sous toutes les formes.

Au résumé, la vie entière du marquis de Tinguy a toujours fidèlement
suivi la ligne que lui avait tracée sa mère mourante dans une remarquable lettre qu'elle lui laissait, et où elle lui disait : « ..... Sois honnête
« homme : sois sensible, reconnaissant ; et dans toutes les actions de ta vie,
« commence par examiner si la religion et l'honneur ne peuvent être
« blessés... » (2). Aussi bien ne fut-il pas surpris par la mort qui l'abat-
tit soudainement, quand personne ne pouvait prévoir que son heure
allait sonner. « Il était toujours prêt à répondre à l'appel du Roi du ciel,
« comme il était prêt aussi à servir sur la terre son roi bien-aimé » (3).
Toujours : Dieu et le Roi ! C'était le vrai Vendéen.

Il fut frappé par la mort en son château de Nesmy, le 13 janvier 1881.

Quelques jours après, son fils aîné recevait la lettre suivante de Monsieur le comte de Chévigné, écrivant par ordre du Roi :

« Goritz, le 29 janvier 1881.

« MON CHER AMI,

« Monsieur le Comte de Chambord a pris une vive part au malheur
« qui vient de vous frapper d'une manière si inattendue, et il veut vous
« envoyer sans retard, à vous et à tous les vôtres, l'assurance de sa pro-
« fonde et bienveillante sympathie.

« Monseigneur avait pour votre excellent père la plus sincère estime,

(1 et 2) Originaux aux archives du château de Nesmy.
(3) *L'Espérance du peuple* de Nantes, journal de la Bretagne et de la Vendée.

« et une confiance qu'il lui avait prouvée, en l'appelant, dans le départe-
« ment de la Vendée, à défendre plus particulièrement les intérêts de la
« cause royaliste, à laquelle il est resté jusqu'à la fin si inébranlablement
« attaché (1).

« Sa situation, son influence, sa fermeté dans les principes, pour
« lesquels il a toujours combattu par ses écrits et par ses actes, rendaient
« de nombreux services dans un pays où la fidélité est traditionnelle, et
« où son caractère et sa personne étaient si justement honorés et appré-
« ciés.

« Votre deuil, auquel Monsieur le Comte de Chambord tient à s'asso-
« cier de tout cœur, est aussi celui de tous nos amis ; et à ce témoignage
« si mérité que je vous apporte viendront s'ajouter les nombreuses et
« consolantes preuves d'affection et de regrets que vous recevrez dans
« cette triste circonstance.

« Monseigneur a été très touché et reconnaissant des sentiments de
« dévouement que vous lui exprimez dans votre lettre. Il devait compter,
« et il compte plus que jamais sur les fils du marquis de Tinguy, héritiers
« de sa foi religieuse et politique, comme de ses nobles exemples.

« Croyez, mon bien cher ami, à ma plus affectueuse et sincère condo
« léance, et à l'assurance de mes sentiments tout dévoués.

                              « Adh. DE CHÉVIGNÉ (2). »

Le marquis de Tinguy laissait trois enfants :

1° Amélie-Mathilde , née à Nantes le 2 septembre 1837, mariée à
Nesmy, le 7 octobre 1856, au vicomte Francisque de Saint-Meleuc (3),

---

(1) Le Roi avait appelé le marquis de Tinguy, avec le comte de Béjarry et
M. Alfred de Chasteigner, à la direction de son comité royaliste dans le département
de la Vendée.

(2) Original aux archives du château de Nesmy.

(3) De Saint-Meleuc porte : *de gueules à dix roses d'or, posées 4, 3, 2 et 1.* —
Ancienne famille de Bretagne. Jehan de Saint-Meleuc, chevalier, vivait en 1296.
Guillaume de Saint-Meleuc combattit en 1420, sous le vicomte de Bellière, pour la
délivrance du duc de Bretagne. Il était l'ami de l'illustre Bertrand Du Guesclin.
Mathurin de Saint-Meleuc, écuyer, sgr de Saint-Meleuc, et Eustache de Saint-Meleuc,
écuyer, sgr de Marival (paroisse de Pleudihen, entre Saint-Malo et Dinan, ressort de
Rennes), furent maintenus nobles par arrêt du 30 juin 1669. Alain-Jean-Henri-
Joseph de Saint-Meleuc, chevalier, sgr de Saint-Meleuc, conseiller au Parlement de
Bretagne, fut un des trois magistrats détenus au Temple avec Louis XVI, et fut guil-
lotiné le 21 juin 1794. Il avait épousé demoiselle Anne Porée du Breil, dont un des
ancêtres, Nicolas Porée, conseiller au Parlement de Bretagne, s'était allié à demoiselle Julienne Du Guesclin.

fils du comte Aristide de Saint-Meleuc et de dame Caroline Porée du Breil : contrat du 6 octobre 1856, en l'étude de maître Surville, notaire à Napoléon-Vendée.

2° Charles-Albert-Aristide, dont l'article suivra.

3° Georges-Louis-Achille, comte de Tinguy de Nesmy, né à Nantes, le 4 juillet 1844. Il a servi, en 1870, dans le régiment des volontaires de l'Ouest, au deuxième bataillon, et s'est trouvé à l'affaire de Brou.

XIV

CHARLES-ALBERT-ARISTIDE marquis DE TINGUY DE NESMY, né à Nantes le 18 octobre 1840, a épousé demoiselle *Mathilde* DE MOU-

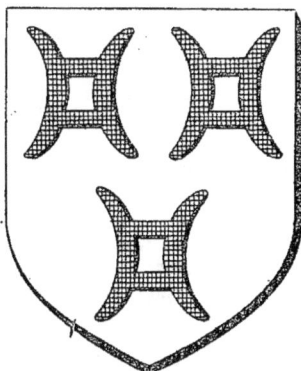

LINS DE ROCHEFORT (1), fille du comte Stéphane de Moulins de Roche-

(1) De Moulins de Rochefort porte : *d'argent à trois anilles de moulin de sable.* —

fort et de dame Amélie Locquet de Grandville, suivant contrat du 27 avril 1863, en l'étude de maître Gautron, notaire à Nantes.

Après le décès de son père, il fut appelé à faire partie du comité royaliste de Monsieur le Comte de Chambord dans le département de la Vendée.

La marquise de Tinguy est décédée à Nantes le 13 octobre 1887, et a été inhumée le surlendemain dans le cimetière de Nesmy.

Ils avaient eu trois enfants :

1º Albert, né à Grandville, commune de Port-Saint-Père (Loire-Inférieure), le 13 juin 1864.

2º Jeanne, née à Nesmy, le 6 octobre 1865, et décédée au même lieu, le 17 mars 1873.

3º Jacques, né à Grandville, le 24 janvier 1867.

PREMIER RAMEAU DE LA BRANCHE DE NESMY.

XII

HENRI-HONORÉ DE TINGUY DE NESMY, fils puîné de Charles-Louis de Tinguy, chevalier, sᵍʳ marquis de Nesmy, etc., et de dame Marie-Anne-Elisabeth-Aimée de Montsorbier, est né au château de Nesmy, le 17 mai 1774, et fut baptisé le lendemain, suivant acte aux registres paroissiaux de Nesmy (1).

Il épousa demoiselle *Constance-Marie-Charlotte* GUERRY DE BEAUREGARD (2), fille de Monsieur Jacques-Louis-Marie Guerry de Beau-

Ancienne famille qui serait originaire du Bourbonnais et de la ville de Moulins, dont elle porte le nom et les armoiries. Louis de Moulins, écuyer, sᵍʳ de Rochefort, vivait en 1342. François de Moulins fut précepteur de François Iᵉʳ, qui le nomma grand aumônier de France par lettres données à Chambord, le 8 octobre 1519. Florimond de Moulins, chevalier, sᵍʳ de Rochefort, épousa demoiselle Jacqueline de Montmorency, fille de messire Anne de Montmorency, marquis de Thury, baron de Fosseuse, etc., le 27 janvier 1610. François de Moulins, chevalier, sᵍʳ de Rochefort, son fils, fut maintenu noble par la cour des aides, le 4 mai 1665, ainsi que son petit-fils Pierre de Moulins, chevalier, sᵍʳ de Rochefort, par M. Chauvelin, intendant de Tours, le 9 février 1715. Cette famille a fourni plusieurs conseillers, secrétaires et notaires du Roi, et plusieurs officiers distingués des armées de terre et de mer.

(1) Archives communales de Nesmy.

(2) Guerry de Beauregard porte : *d'azur à trois besants d'or.* — Jehan Guerry écuyer, sᵍʳ de la Limonnière (paroisse de Chavagnes-les-Montaigu), rendait aveu de

regard, chevalier de Saint-Louis, qui fut tué à la bataille d'Aizenay en 1815, et de dame Constance-Henriette-Louise du Vergier de la Roche-

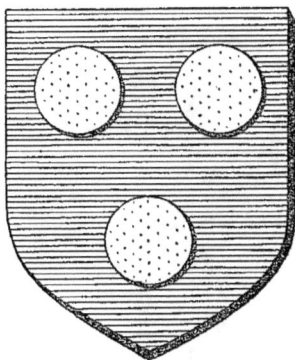

jaquelein, suivant contrat du 7 avril 1812, en l'étude de maître Pascal Guitton, notaire à Napoléon-Vendée.

Il est décédé au château de Nesmy, le 5 août 1815.

·De son mariage il laissait deux enfants :

1° Henriette-Esther, née à Nesmy le 6 avril 1813, religieuse du Sacré-Cœur le 11 avril 1835, décédée à Tours le 26 août 1838.

2° Henri-Louis-Ernest, dont l'article suit.

XIII

HENRI-LOUIS-ERNEST comte de Tinguy de Nesmy est né à Nesmy, le 5 juin 1814.

Il fit l'acquisition de la terre et du château de Beaupuy (commune de Mouilleron-le-Captif) en 18... A la fin du xv⁵ siècle, Tristan Chauvinière était sᵍʳ de Beaupuy. Cette terre seigneuriale fut érigée en baronnie,

---

cette terre à Montaigu le 1ᵉʳ décembre 1473. Plus tard, on trouve deux branches de cette famille qui se sont illustrées dans les guerres de la Vendée. La première a pour auteur, au commencement du xvıⁱᵉ siècle, Jacques Guerry, écuyer, sᵍʳ de la Cochinière ; elle a produit deux chefs vendéens, qui soulevèrent en 1793 le Marais de Challans, MM. Alexandre-Joseph-Pierre Guerry du Cloudy et Joseph-Marie Guerry de la Fortinière. L'autre branche, issue d'un cadet du sᵍʳ de la Cochinière, a fourni les sᵍʳˢ de la Goupillère, de Beauregard et des Gâts, dont M. Jacques-Louis-Marie Guerry de Beauregard, père de Madame de Tinguy, beau-frère de MM. de la Rochejaquelein, et l'une des glorieuses victimes de la guerre vendéenne.

Abraham, chev., sᵉʳ
1º Suzanne Bo...
2º Marie Béjar...

Charles, chev., sᵉʳ de Nesmy.
1º Israëlite Mauclerc, dame de Saulnay.
2º Jeanne-Suzanne Gouriault.

Livie.
Pierre Le Geay, chev., sᵉʳ de la Vezinière.

Elisabeth-Henriette.
François Bodin, chev., sᵉʳ des Cousteaux.

Philippe-Auguste, chev., sᵉʳ de Launay.
Suzanne-Israëlite Tinguy.

Renée.
Léon de la Vare sᵉʳ de la Raffi...

Marie-Céleste, dᵉ de Launay.
Charles-Élie Royrand, éc., sᵉʳ de la Roussière.

Israëlite.
Samuel Pinyot, éc., sᵉʳ de la Largère.

Marie-Charlotte.

Elisabeth-Henriette, dᵉˡˡᵉ de la Guittardière.

Fra...

Pierre-Benjamin, chev., sᵉʳ de Nesmy, etc...
Marie-Anne Cicoteau de la Touche.

Israëlite, dᵉˡˡᵉ de Nesmy.

Marie-Anne-Renée, dᵉˡˡᵉ de Nesmy.

Charles-Louis, chev., sᵉʳ Mⁱˢ de Nesmy.
Marie-Anne-Elisabeth-Aimée de Montsorbier.

Jacques-Benjamin.

Pierre-Abraham-Hubert.

Marie-Anne-Elisabeth, dᵉˡˡᵉ de Nesmy.

Anne-Louise-Benjamine.

Charles-Auguste.

Thérèse-Delphine.

Charles-Albert-Aristide, Mⁱˢ de Tinguy de Nesmy.
Mathilde de Moulins de Rochefort.

Albert.

Jeanne.

Jacques.

Georges-Louis-Achill...

NESMY

le Nesmy.

in.

y.

ne, éc.,
ière.

Samuel, éc.,
sgr des Audayries.

Marie-Anne.
Abraham Bodin, chev.,
sgr de St-Bris.

Auguste, éc.,
sgr de la Turnelière.

Guy, chev. de Nesmy.

çois-Samuel, chev.,
sgr de Challie.

Jacques, chev., sgr de la Grève.

Pierre-Abraham, chev. de
Nesmy, sgr de la Braudière.
Céleste Morisson de Vernay.

Louise-Fortunée.
Louis-Joseph de Lespinay, chev., sgr de
Beauregard.

Marie-Céleste.
Victor Le Roux, chev., sgr de la Routière.

Pierre-Auguste, chev., sgr
des Audayries.

François-Prosper, chev.
de Nesmy.

Marc-Antoine, chev., sgr
de Saulnay.
Thérèse Boutou de la
Baugisière.

Charles-Benjamin, chev.,
sgr de Saulnay.

Henri-Honoré.
Constance-Marie-Charlotte
Guerry de Beauregard.

Deuxième branche
de Nesmy.

Armand-Félicité
chev. de Nesmy,

Louis-Ferdinand, Mis de
.linguy de Nesmy.
enriette-Fortunée-Jacquette
de Sallo.

Charles-Louis,
Mis de Tinguy de Nesmy.
Mathilde-Sophie
Locquet de Grandville.

Amélie-Mathilde.
Francisque, Vte de Saint-Melenc.

, Cte de Tinguy de Nesmy.

par lettres patentes de septembre 1642, en faveur d'un de ses descendants, Jacques Chauvinière (1).

Le comte de Tinguy épousa sa cousine germaine, demoiselle *Georgine Henriette-Françoise* DE CHABOT (2), fille du vicomte Constantin-Joseph

de Chabot et de dame Adélaïde Guerry de Bauregard, suivant contrat du 8 novembre 1843, en l'étude de maître Gautron, notaire à Nantes.

La comtesse de Tinguy est décédée au château de Beaupuy, le 24 mars 1887, terminant par une mort de prédestinée une existence remplie de vertus et de bonnes œuvres. En accordant l'*imprimatur* de sa biographie par un ecclésiastique (3), Monseigneur Cattau, évêque de Luçon, lui rendait un complet et juste témoignage : « ... Nous avons pu, écrivait-il, « apprécier cette âme d'élite, ses rares vertus, son fidèle dévouement à « Dieu et à l'Eglise, à sa famille et aux œuvres. Elle laisse, non seule- « ment parmi ceux qui l'entouraient, mais dans notre diocèse et ailleurs, « les plus édifiants souvenirs : pour tous ceux qui l'ont connue, elle res- « tera un modèle accompli de l'épouse et de la mère chrétienne.... » Elle a été inhumée dans le cimetière de Mouilleron-le-Captif, sa paroisse.

Le comte de Tinguy ne lui a survécu que jusqu'au 6 octobre 1891.

Ils avaient eu douze enfants :

---

(1) *Dictionnaire des familles du Poitou*, par MM. Beauchet-Filleau, article Chauvinière.

(2) Chabot : voir page 9, annotation (5).

(3) *Georgine de Chabot, comtesse de Tinguy*, par l'abbé Léo Guichet.

1º Marie-Josèphe, née à Beaupuy le 12 juillet 1845, religieuse de Marie-Réparatrice en 1864.

2º Georges-Henri, comte de Tinguy, dont l'article suivra.

3º Marie-Antoinette, née à Beaupuy le 24 août 1847, religieuse de Marie-Réparatrice en 1867, décédée en 1877, le 1ᵉʳ novembre.

4º Henri-Marie, vicomte de Tinguy, né à Beaupuy le 12 septembre 1849, zouave pontifical en 1867.

5º Berthe-Elisabeth-Anne-Marie, née à Beaupuy le 24 janvier 1851, et

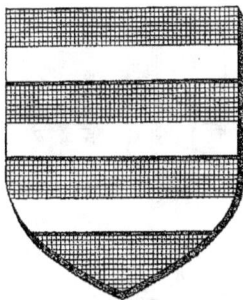

mariée à Mouilleron-le-Captif, le 14 janvier 1874, à Monsieur *Théobald* marquis DE BÉJARRY(1), fils de Monsieur Théobald marquis de Béjarry et de dame Caroline de Béjarry.

6º Marie-Clotilde, née à Beaupuy le 14 juin 1853, et décédée le 20 du même mois.

7º Charles-Raymond-Yves-Marie, dont l'article viendra.

8º Louis-Marie-Albert, né à Beaupuy le 24 juillet 1856, et décédé à Nantes le 22 février 1863.

9º Marie-Thérèse-Louise, née à Beaupuy le 7 mars 1858.

10º Joseph-Marie-Louis, dont l'article viendra.

11º Louise-Marie-Georgette, née à Beaupuy le 12 mai 1865.

12º Marguerite-Marie, née à Beaupuy le 8 juillet 1870, décédée le 26 du même mois.

---

(1) Béjarry : voir page 23, annotation (2).

XIV

GEORGES-HENRI comte DE TINGUY, né à Beaupuy, le 15 juillet 1846, zouave pontifical le 29 novembre 1867, a épousé demoiselle *Marie-Anna* BROCHARD DE LA ROCHEBROCHARD (1), fille de Monsieur Charles-

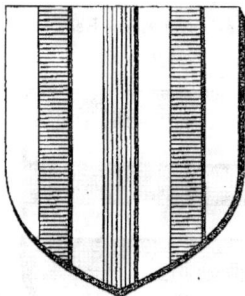

Henri Brochard, baron de la Rochebrochard, et de dame Marguerite de Villebois-Mareuil, le 27 juin 1870, à Cirières : contrat en date de la veille, en l'étude de maître Reverdy, notaire à Cerizay.

De ce mariage :

1° Marguerite-Louise-Marie, née à Cirières, le 24 avril 1871, mariée à Cirières aussi, le 12 juillet 1894, à Monsieur Albert-Xavier Brochard de

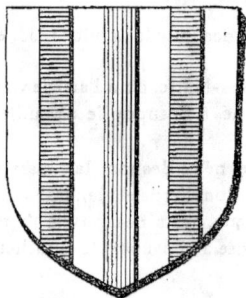

la Rochebrochard (2), son oncle à la mode de Bretagne, fils de Mon-

---

(1 et 2) Brochard de la Rochebrochard porte : *d'argent au pal de gueules côtoyé*

sieur Xavier-Emmanuel-Raphaël Brochard, comte de la Rochebrochard, et de dame Agathe-Léonie de Boissard, capitaine adjudant-major au 135ᵉ régiment d'infanterie : contrat en date du 9 du même mois, en l'étude de maître Chauveau, notaire à Poitiers.

2° André, né à Cirières le 30 novembre 1874, et décédé le même jour.

3° François, né et mort au Fresne-Chabot, le 3 août 1878.

4° François-Henri-Louis-Marie, né à Poitiers le 9 janvier 1881.

DEUXIÈME RAMEAU DE LA BRANCHE DE NESMY.

XIV

CHARLES-RAYMOND-YVES-MARIE de Tinguy, second fils puîné de Monsieur Henri-Louis-Ernest, comte de Tinguy, et de dame Georgine-Henriette-Françoise de Chabot, est né le 3 janvier 1854, au Bois-Marquet (Loire-Inférieure).

Il a épousé demoiselle *Berthe-Françoise-Marie* DE MÉHÉRENC DE SAINT-PIERRE (1), fille de Monsieur Auguste-Charles-Marie de Méhérenc, mar-

---

de deux pals d'azur. — Très ancienne famille poitevine dont on rencontre plusieurs membres au xiiiᵉ siècle. Arnault Brochard, écuyer, sᵍʳ de la Roche, vivait vers le commencement du xvᵉ siècle. Ses descendants adoptèrent le nom de la Rochebrochard sous lequel ils sont plus connus : ils furent maintenus nobles en 1599, 1667 et 1715. Cette famille s'est divisée en plusieurs branches : elle a fourni deux chevaliers de Saint-Jean-de-Jérusalem, dont François Brochard, grand dignitaire de l'Ordre ; elle compte aussi de nombreux officiers distingués, et des chevaliers de Saint-Louis et de la Légion d'honneur.

(1) De Méhérenc de Saint-Pierre porte : *d'argent au chef d'azur, à la bordure de gueules.* — Cette famille, d'origine danoise, appartient à l'ancienne noblesse de Normandie. Raoul Bouchard, dit de Méhérenc, rendait aveu du fief des Landes, en la paroisse de Trévières, diocèse de Bayeux, le 5 avril 1372 ; et le lendemain Henri Bouchard de Méhérenc faisait également hommage du fief de Méhérenc, dans la même paroisse de Trévières. Les de Méhérenc ont été maintenus nobles en Normandie, à la réformation de 1463, et à celles de 1598 et 1666. Pierre de Méhérenc, qualifié baron de Saint-Pierre, est la tige de la branche établie en Bretagne en la personne de son petit-fils Michel-Henri de Méhérenc, marquis de Saint-Pierre, qui épousa en 1701 demoiselle Thérèse Le Chaponnier, héritière du Bois de la Salle, en Pleguien, diocèse de Saint-Brieuc. Cette famille a fourni deux chevaliers de Malte, plusieurs chevaliers de Saint-Louis, deux victimes à Quiberon, et un contre-amiral en 1823.

quis de Saint-Pierre, et de dame Victoire-Louise de Robien, suivant contrat du 16 avril 1884, en l'étude de maître Lucereau, notaire à Rennes.

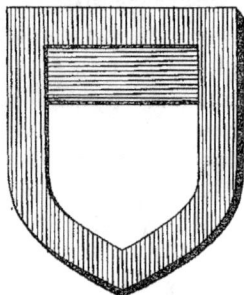

De ce mariage :

1° Raymond-Auguste-Marie, né à Beaupuy, le 13 février 1885.

2° Marthe-Marie-Thérèse, née à Beaupuy, le 15 octobre 1886.

3° André-Gaston-Louis-Marie, né à Beaupuy, le 6 septembre 1890.

***

TROISIÈME RAMEAU DE LA BRANCHE DE NESMY.

XIV

JOSEPH-LOUIS-MARIE de Tinguy, fils troisième puîné de M. Henri-Louis-Ernest, comte de Tinguy, et de dame Georgine-Henriette-Françoise de Chabot, est né à Beaupuy, le 15 septembre 1863.

Il a épousé demoiselle *Louise-Charlotte-Marie* de Boullemer de Thiville (1), fille de Monsieur Louis-Charles de Boullemer de Thiville, lieutenant aux Zouaves pontificaux, médaillé de Castelfidardo, capitaine des

---

(1) De Boullemer de Thiville porte : *d'or au chevron d'azur accompagné de trois aiglettes de sable, 2 en chef et 1 en pointe.* — Ancienne famille de Normandie. Elle a été maintenue noble le 13 janvier 1667.

mobiles de Maine-et-Loire en 1870, officier de la Légion d'honneur, et
de dame Clotilde Vexiau, suivant contrat du 27 août 1891, en l'étude de
maître Hommery, notaire à Alençon.

De ce mariage :

1º Marie-Joseph-Maurice, né à Beaupuy, le 3 juin 1892.

2º Yvonne-Marie-Josèphe, née à la Cantinière, commune de Sain t-Paul
Mont-Penit, le 22 mai 1893.

3º Jean-Louis-Marie, né à Beaupuy, le 5 mars 1895.

RAMEAUX DE LA BRANCHE DE NESMY

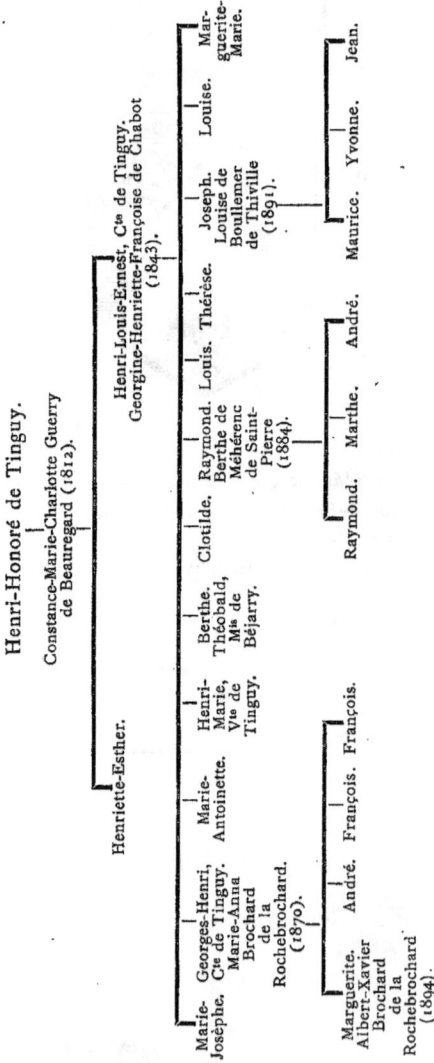

Henri-Honoré de Tinguy.
Constance-Marie-Charlotte Guerry de Beauregard (1812).

Henriette-Esther.

Henri-Louis-Ernest, Cte de Tinguy.
Georgine-Henriette-Françoise de Chabot (1843).

Marie-Joséphe, Georges-Henri, Cte de Tinguy. Marie-Anna Brochard de la Rochebrochard. (1870).

Marie-Antoinette.

Henri-Marie, Vte de Tinguy.

Berthe, Théobald, Mis de Béjarry.

Clotilde. Raymond. Berthe de Méhérenc de Saint-Pierre (1884). Louis. Thérèse.

Joseph. Louise de Boullemer de Thiville (1891). Louise. Marguerite-Marie.

Marguerite, Albert-Xavier Brochard de la Rochebrochard (1894).

André. François. François.

Raymond. Marthe. André.

Maurice. Yvonne. Jean.

BRANCHE DE VANZAY ET DU POUËT

VIII

FLORIMOND Tinguy, chevalier, sᵍʳ de Vanzay, de Girondin et des Dixmes-des-Grandes-Mothes, un des enfants puînés de haut et puissant Benjamin Tinguy, chevalier, sᵍʳ de Nesmy, etc., et de dame Anne Bertrand, transigea le 28 avril 1658 et le 14 juillet suivant avec ses frères Abraham Tinguy, chevalier, sᵍʳ de Nesmy, et Benjamin Tinguy, chevalier, sᵍʳ de Chaillé, « sur le faict de leurs partages des hérédités de deffuncts « messire Benjamin Tinguy, vivant sᵍʳ des Audayries, et de dame « Anne Bertrand, conjoincz leur père et mère... », par actes devant Morineau et Greffard, notaires de la baronnie de Brandois. Les trois frères confirmèrent ces transactions par un acte de partage définitif, après le décès de leur frère Jonas Tinguy, écuyer, sᵍʳ de Vanzay, ledit acte en date du château de Nesmy, 5 novembre 1661, devant Greffard et Bertrand, notaires de la baronnie de Brandois, et par lequel sont attribués à Florimond, « la maison, mestairie, appartenáces et dependáces de Vanzay, scise « et scittuée en la paroisse de Mouzeil et jcelle es environs sans auchune « reservation soit du noble ou routurier... avecq'aussy les deux tiers ou « tierces parties des Grandes et Petites Dixmes des Mothes en la paroisse « de Sainct-Jean-de-Beugné avecq'tous les droicts qui en dependent, « façons d'hommages et aultres généralement quelconq'..... (1). »

Il épousa, « les formes de l'Eglise catholique et romaine préalable-« ment observées et gardées », demoiselle *Elisabeth* Boucquet (2), fille

---

1) Tous ces divers actes sont mentionnés dans une signification donnée en 1680 à M. et Mᵐᵉ des Chartres, aux archives de la Viollière.

(2) Boucquet porte : *d'argent à un bouquet de diverses fleurs au naturel.* — Gabriel Boucquet, sᵍʳ de la Clavelière, en rendait hommage au sᵍʳ de Saint-Fulgent le 2 novembre 1650. (Archives de la Viollière.) Il laissa cinq enfants, comme on le voit par son testament olographe, en date du 10 août 1649 (Archives de la Viollière), savoir : 1° Pierre, écuyer, sᵍʳ de Beaufou en la paroisse de Saint-Pierre-du-Lac, en Anjou ; 2° Marie, qui épousa Samuel de Goulaines, chevalier, sᵍʳ des Fontaines ; 3° Gabriel-Théophile, écuyer, sᵍʳ du Boisbertrand et de la Clavelière ; 4° Catherine, mariée à Henri Régnier, chevalier, sᵍʳ du Breuil, et 5° Elisabeth, épouse de Florimond Tinguy, chevalier, sᵍʳ de Vanzay.

de Gabriel Boucquet et de dame Jacqueline Roulleau, s^{gr} et dame de la Clavelière (en la paroisse de Saint-Fulgent), suivant contrat du 7 janvier 1665

reçu par Gourraud et Thoumazeau, notaires de la châtellenie de Saint-Fulgent (1).

Florimond n'existait plus en 1675. A cette époque, en effet, il fut formé contre sa veuve une demande de droits de franc-fief, et, d'après la production qu'elle fit des titres justificatifs de la noblesse de feu Florimond Tinguy, vivant son mari, elle en fut déchargée par sentence de M. de Marcillac, intendant de la Généralité de Poitiers, en date du 8 mai 1675(2).

Elisabeth Boucquet se remaria avec Antoine de Ranques, chevalier, s^{gr} des Chartres, dont elle eut plusieurs enfants.

Elle avait aussi donné à Florimond Tinguy deux fils :

1° Abraham-Théophile, chevalier, s^{gr} de Vanzay, dont l'article suivra.

2° Henri-Florimond, chevalier, s^{gr} du Boisbertrand, qui épousa en premières noces demoiselle Jeanne Gourraud, suivant contrat du 18 juin 1693, reçu par Boucquié et Bernardeau, notaires de la châtellenie de Saint-Fulgent (3). Il se remaria avec demoiselle Gabrielle Gaborin (4), fille de Henri Gaborin, chevalier, s^{gr} de Puymain, et de dame Renée Bau-

(1) Grosse en parchemin, aux archives de la Vendée.

(2) *Extraits* des archives du château de Nesmy en 1778. Le droit de franc-fief était imposé dès 1275 (ordonnance de Philippe le Hardi) aux roturiers acquéreurs de fief noble.

(3) Pièce énoncée dans l'ordonnance de maintenue de noblesse du 19 septembre 1717, rendue par M. de Richebourg en faveur des deux frères et dont il sera parlé plus loin. — Archives départementales de la Vienne.

(4) Gaborin porte : *d'azur à trois trèfles d'or.*

dry d'Asson. N'ayant eu de postérité de ses deux mariages, il fit sa seconde femme sa légataire universelle par testament olographe en date du

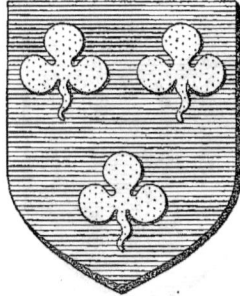

4 février 1722. Elle s'allia en secondes noces à Gabriel Richelot, chevalier, sᵍʳ de la Cressonnière, ainsi qu'il appert des pièces du procès qu'elle soutint contre son neveu Charles-Auguste Tinguy, chevalier, sᵍʳ de Vanzay (1).

IX

ABRAHAM-THÉOPHILE Tinguy, chevalier, sᵍʳ de Vanzay, acquit par arrentement de Charles-François de Montaigu, chevalier, sᵍʳ de Boisdavy, la terre de la Sauvagère, en la paroisse de Saint-Laurent-de-la-Salle, suivant acte du 13 avril 1680, reçu par Brevet et Payneau, notaires de la baronnie du Puybelliard (2).

Il épousa à Luçon demoiselle *Marie-Anne* Suzannet (3), fille de défunt

---

(1) Dossier du procès, aux archives de la Viollière.
(2) Grosse en papier, aux archives de la Viollière.
(3) Suzannet porte : *d'azur à trois canettes d'argent*, aliàs : *d'azur à trois merlettes d'argent.* — Famille du Bas-Poitou. Au commencement du xvᵉ siècle, vivait Pierre Suzannet, qui fut remplacé à l'arrière-ban du Bas-Poitou, en 1467, par Jacques Suzannet, son fils, brigandinier du sᵍʳ de Soubise. Jacques Suzannet fut le premier maire de Fontenay-le-Comte, lorsque Louis XI établit la commune dans cette ville, et fut compris dans la convocation des ban et arrière-ban de la noblesse du Bas-Poitou en 1491. Cette famille s'est illustrée surtout à la fin du siècle dernier et au commencement du nôtre ; elle a fourni un vice-amiral de France, Pierre-Alexandre-Gabriel, baron de Suzannet, et le célèbre général vendéen Jean-Baptiste-Constant, comte de Suzannet. Son petit-fils, M. Louis comte de Suzannet, est aujourd'hui conseiller général de la Vendée pour le canton de Saint-Fulgent.

Gabriel Suzannet, chevalier, s^{gr} de la Chardière, et de dame Françoise de la Vieuville, suivant contrat du 3 juin 1695, reçu par Landreau et Arnault, notaires de la baronnie de Luçon (1).

La même année, il assista au ban des nobles du Poitou, et faisait partie du deuxième escadron commandé par Monsieur Fouscher de Brandois (2).

Abraham-Théophile et son frère Henri-Florimond firent avec messire Antoine de Ranques, chevalier, s^{gr} des Chartres, veuf de dame Elisabeth Boucquet, leur mère, une transaction portant partage entre eux des biens dépendant de la succession de celle-ci, dont acte reçu par Bourasseau et Gilbert, notaires de la châtellenie des Herbiers, en date du 21 février 1698 (3).

Les deux frères partagèrent aussi entre eux les domaines et héritages de leurs père et mère par acte établissant Abraham-Théophile en qualité d'aîné, avec les préciputs et avantages de la Coutume, en date du 17 octobre 1699, reçu par les mêmes Bourasseau et Gilbert, notaires de la châtellenie des Herbiers (4).

Le 19 septembre 1715, Monsieur de Richebourg, intendant de la Généralité de Poitiers, rendit en leur faveur une sentence de maintenue de noblesse, dans laquelle il est fait mention d'une autre sentence semblable rendue antérieurement, le 14 juillet 1700, par Monsieur de Maupeou, au profit de Charles Tinguy, écuyer, s^{gr} de Nesmy ; Auguste Tinguy,

(1) Grosse en papier, aux archives de la Viollière.
(2) Note communiquée par MM. Beauchet-Filleau. — Bans et arrière-bans du Poitou ; reg. 15, n° 30.
(3 et 4) Grosse en papier, aux archives de la Viollière.

écuyer, s^{gr} de la Turmelière, et le même Abraham-Théophile Tinguy, écuyer, s^{gr} de Vanzay (1).

Il est décédé à la Sauvagère, le 12 décembre 1716, et fut inhumé le lendemain dans le cimetière de Saint-Laurent-de-la-Salle, suivant acte aux registres de cette paroisse (Deschatelliers, curé de Saint-Laurent-de-la-Salle) (2).

Sur la demande de sa veuve, il fut procédé à l'institution d'un curateur aux causes de ses enfants mineurs, qui fut messire René de la Boucherie, écuyer, s^{gr} du Guy, comme il résulte d'un acte donné par René Barraud, sénéchal de la baronnie de la Lande et des châtellenies de la Chapelle-Thémer et Bodet, en date du 23 décembre 1716 (3).

Ces enfants étaient :

1° Charles-Auguste, chevalier, s^{gr} de Vanzay, dont l'article suivra.

2° Marie-Israëlite, demoiselle de Vanzay. Le 22 janvier 1716, elle fut marraine et son frère Charles-Auguste parrain, à l'église de Saint-Laurent-de-la-Salle, suivant acte aux registres de cette paroisse (Deschatelliers, curé de Saint-Laurent-de-la-Salle) (4). Elle mourut sans alliance avant 1746.

3° Louise-Henriette, qui épousa Joseph de Villequoys, chevalier, s^{gr} de

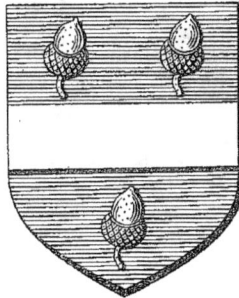

Rambervilliers (5), veuf de. . . . . Durcot, dame de Bois-

---

(1) Sentence sur parchemin, aux archives de la Viollière.

(2) Archives communales de Saint-Laurent-de-la-Salle.

(3) Expédition sur parchemin, aux archives de la Viollière.

(4) Archives communales de Saint-Laurent-de-la-Salle.

(5) Villequoys de Rambervilliers porte : *d'azur à la fasce d'argent accompagnée de trois glands d'or, les tiges en bas, 2 en chef et 1 en pointe.* — Famille de Lorraine.

reaux. Elle devint dame de la Clavelière, après la mort de son oncle Charles-Auguste de Ranques, et mourut elle-même vers 1743. Son mari était décédé au château de Boisreaux le 13 novembre 1746, et inhumé le lendemain dans l'église de Chauché, suivant acte aux registres de cette paroisse (1).

4° Henri-René, chevalier, s^r de la Rouxelottière. Il mourut sans alliance à la Clavelière, à l'âge de 60 ans, et fut inhumé dans le cimetière de Saint-Fulgent, le 29 juillet 1764, suivant acte aux registres de cette paroisse (Gilbert, curé de Saint-Fulgent) (2). La terre de la Rouxelottière était située dans la paroisse de Givrand. Il la tenait du chef de sa mère. En 1687, le 25 août, Samuel Cordon, marchand, au nom et comme ayant charge de Guy Mauclerc, chevalier, s^r de la Muzanchère, tuteur des enfants mineurs de défunts Gabriel Suzannet, chevalier, s^r de la Chardière, et dame Françoise de la Vieuville, passait une ferme de la Rouxelottière par-devant Besnard et N. . . . . notaires de la châtellenie de Saint-Gilles-sur-Vie (3). Cette terre fut aliénée par Monsieur de Vanzay, frère aîné de Henri-René, auquel aîné elle avait fait retour après le décès de celui-ci.

5° Philippe, écuyer, embrassa l'état ecclésiastique, devint vicaire des Lucs-sur-Boulogne en 1730, vicaire de Bazoges-en-Paillers en décembre de la même année, puis curé de la Claye, l'année suivante. Le 19 avril 1738, il fut parrain de Louis-Philippe de Rossi, fils de Louis-Alexandre de Rossi et de dame Anne-Bénigne Guinebauld, suivant acte aux registres paroissiaux de Dompierre-sur-Yon (Foussard, curé de Dompierre) (4). Il mourut à la Claye et fut inhumé dans l'église de cette paroisse, le 21 juillet 1744, dont acte aux registres paroissiaux (5).

6° Jean-Abraham, chevalier, s^r de la Sauvagère, auteur des diverses branches de la Giroulière.

X

CHARLES-AUGUSTE Tinguy, chevalier, s^r de Vanzay, naquit à Saint-Fulgent, et fut baptisé le 24 novembre 1698, suivant acte aux registres de cette paroisse (6).

---

(1) Archives communales de Chauché.
(2) Archives communales de Saint-Fulgent.
(3) Grosse en papier, aux archives de la Viollière.
(4) Archives communales de Dompierre-sur-Yon.
(5) Archives communales de la Claye.
(6) Archives communales de Saint-Fulgent.

Il épousa demoiselle *Marie-Luce* DE MORAYS (1), dame du Pouët, fille de Jacques de Morays, chevalier, s^{gr} de Cerizay, et de dame Gabrielle

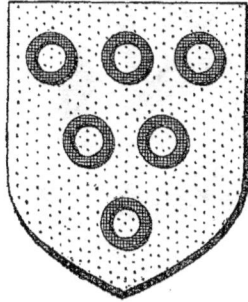

Amaury, et veuve d'Antoine de Jaudonnet, vivant chevalier, s^{gr} de Laugrenière, suivant contrat du 19 janvier 1722, reçu par Bourasseau, notaire royal, et Guillard, notaire de la baronnie d'Ardelay (2).

Il eut à soutenir un long procès contre dame Gabrielle Gaborin, veuve de son oncle Henri-Florimond Tinguy, chevalier, s^{gr} du Boisbertrand, et mariée en secondes noces à Gabriel Richelot, écuyer, s^{gr} de la Cressonnière. Légataire universelle de son premier mari, en vertu d'un testament olographe du 4 février 1722, Madame de la Cressonnière se refusait à payer une rente et des arrérages dus par Monsieur du Boisbertrand à son cousin David Tinguy, écuyer, s^{gr} de Soulette. Elle fut condamnée par arrêt du 27 janvier 1736 (3).

Devenu veuf, Charles se remaria à Mlle *Marie-Madeleine-Thérèse* DE VAUGIRAUD (4), fille de Pierre de Vaugiraud, écuyer, s^{gr} de la Grondinière,

---

(1) De Morays porte : *d'or à six annelets de sable, posés 3, 2 et 1.* — Cette famille, d'origine écossaise, s'établit en France au xve siècle, dans le pays chartrain. En 1642, Paul-Philippe de Morays acheta de dame Julienne d'Angennes, sa tante, la terre de la Flocellière, qui avait été cédée à cette dernière par Urbain de Maillé, neveu et héritier de Jacques de Maillé-Brézé, son mari, ce qui fixa cette branche de la famille de Morays en Poitou. La Flocellière fut en sa faveur érigée en marquisat au mois de juin 1646. Il fut l'aïeul de Madame de Vanzay. Les dernières représentantes du nom de Morays se sont alliées, à la fin du xviiie siècle, dans les famille, Duchesne de Denant et de la Fontenelle-Vaudoré.

(2) Grosse en papier, aux archives de la Viollière.

(3) Nombreuses pièces de procédure, aux archives de la Viollière.

(4) De Vaugiraud porte : *d'argent fretté d'azur.* — Famille poitevine, qui a fournis vers la fin du xviiie siècle, un officier général distingué à la marine.

et de dame Marie-Renée Desnos, ainsi qu'il est constaté dans le contrat de mariage de son fils aîné, en date du 14 janvier 1758 (1).

Il mourut à la Clavelière, le 31 janvier 1782, âgé de 80 ans, et fut inhumé le lendemain dans le cimetière de Saint-Fulgent, où l'on voit encore sa pierre tombale.

Il n'eut d'enfants que de son premier mariage, et au nombre de deux seulement :

1° Charles-Gabriel, chevalier, sᵍʳ du Pouët, dont l'article suivra.

2° Henriette-Marie, demoiselle du Pouët, née au Pouët le 2 octobre 1735, et baptisée le lendemain par son oncle, messire Philippe Tinguy, curé de la Claye, suivant acte aux registres paroissiaux de Saint-Mars-la-Réorthe (2). Elle est décédée sans alliance au bourg de Chavagnes-en-Paillers, le 24 décembre 1805.

XI

CHARLES-GABRIEL de Tinguy, chevalier, sᵍʳ du Pouët, tenait cette terre seigneuriale du chef de sa mère, dame Marie-Luce de Morays. Elle-même en avait hérité de sa mère aussi, dame Gabrielle Amaury, à laquelle elle avait été attribuée par partage noble, en qualité de fille aînée et principale héritière de messire André Amaury, chevalier, sᵍʳ de Migaudon, et de dame Hyacinthe des Herbiers-Lestanduère, dont acte sous seing privé, en date du château de Lestanduère, 3 janvier 1710 (3).

(1) Grosse en parchemin, aux archives de la Viollière.
(2) Archives de la fabrique de Saint-Mars-la-Réorthe.
(3) Original en papier, aux archives de la Viollière.

Hyacinthe des Herbiers-Lestanduère était dame du Pouët par succession de sa mère, dame Marguerite Vinet, épouse de Pierre des Herbiers-Lestanduère, chevalier, sgr de la Morandière. Il y eut entre ceux-ci, d'une part, et François Mesnard de Toucheprès, chevalier, sgr des Deffends, et Marie Vinet son épouse, d'autre part, un partage qui donna le Pouët à Marguerite Vinet : cette terre noble faisait partie de la succession de leur mère, dame Madeleine Sicard, épouse de Jehan Vinet, écuyer, sgr de la Creuillière ; ledit acte reçu par L. Navarre et P. Boessinot, notaires de la baronnie du Puy du-Fou, le 11 février 1647 (1). Madeleine Sicard était fille de noble homme Pierre Sicard, sgr de la Bréthelière, et de dame Marguerite Jousselin, dame du Pouët, ainsi qu'on le voit par un aveu du Pouët que rendit Jehan Vinet, écuyer, sgr de la Creuillière, en qualité de procureur de ladite dame Marguerite Jousselin, aux assises de la châtellenie de Saint-Paul, dont acte du 3 août 1627, signé Loyau, greffier (2). Le 11 octobre 1603, André Prévost, écuyer, sgr du Pouhet, y demeurant, paroisse de Saint-Mars-la-Réorthe, passait une transaction avec Pierre Bariteau, curé des Epesses, et chapelain de la chapellenie de Notre-Dame, aliàs des Violettes (sic), établissant une rente sur la terre du Pouhet au profit de ladite chapellenie, dont acte reçu par Pelletreau et Bourdault, notaires ; lequel acte est rapporté dans une signification faite au même André Prévost, écuyer, sgr du Pouhet, le 9 août 1604, signée Pinet, huissier (3). Le 1er juin 1482, Jacques de Surgères, chevalier, sgr de la Flocellière, Cerizay et Saint-Paul, donnait acte de réception d'hommage à Jehan de la Flocellière, sgr du Pouhet, en son chastel de Cerizay, signé Surgères, et plus bas Porteau, par mandement de Monseigneur (4). Le 17 juin 1428, aux assises de Saint-Paul, il était aussi donné acte de réception d'hommage à Jehanne Girart, veuve de Jehan Aresse (?) dit du Pouhet, en son nom et en celui de son fils et dudit Jehan du Pouhet, signé Durand, notaire (5). Le Pouët fut vendu nationalement pendant la Révolution.

Charles servit en qualité de lieutenant au régiment d'Anjou, de 1746 à 1749 (6).

Il épousa dans la chapelle du Pont-Léger, paroisse de la Boissière de

---

(1) Grosse en parchemin, aux archives de la Viollière.
(2) Acte en papier, aux archives de la Viollière.
(3) Copie de signification, aux archives de la Viollière.
(4 et 5) Originaux en parchemin, aux archives de la Viollière.
(6) Ce grade est mentionné en divers actes, aux archives de la Viollière.

Montaigu, le 15 novembre 1557, demoiselle *Gabrielle-Julie-Félicité* DE
SUZANNET (1), fille de Guy-François de Suzannet, chevalier, s^{gr} de la Char

dière, et de dame Gabrielle de Bessay, ainsi qu'il est dit dans leur contrat
passé postérieurement à leur mariage, et en date du 14 janvier 1758,
reçu par Boisson, notaire royal de la sénéchaussée du Poitou, et Thoumazeau, notaire à Saint-Fulgent (2). Charles de Tinguy se rendit à Fontenay-le-Comte, pour répondre à la convocation faite sur l'ordre du Roi,
par le maréchal de Senecterre, à toute la noblesse du Bas-Poitou, en date
du 14 juin 1758. Dans l'ordre de bataille, il figure comme maréchal des
logis à l'escadron de Monsieur de Buzelet.

Il mourut au Pouët, le 17 novembre 1767, et fut inhumé le lendemain dans l'église de Saint-Mars-la-Réorthe, dont acte aux registres de
cette paroisse (3).

Sa veuve se remaria à Marc-Antoine de Jousbert, chevalier, s^{gr} de la
Pépinière, ainsi que le fait connaître une sentence rendue en sa faveur,
le 2 septembre 1771, par Jacques Houdet, sieur des Graviers, sénéchal
de la baronnie du Puy-du-Fou (4).

Charles avait eu plusieurs enfants :

1° Charles-Gabriel, chevalier, s^{gr} de Vanzay, qui était en 1775 officier
au régiment de Bourgogne-Infanterie, suivant la teneur de sa procuration
donnée à Mathurin Thoumazeau, s^{gr} de la Barbinière, pour recevoir les

(1) Suzannet : voir page 60, annotation (3).
(2) Grosse en parchemin, aux archives de la Viollière.
(3) Archives de la fabrique de Saint-Mars-la-Réorthe.
(4) Expédition, aux archives de la Viollière.

comptes de tutelle, en date de Metz, 24 mai (1). Il partagea avec ses frères et sœurs les successions de leurs père et mère, par acte sous seing privé en date du 20 janvier 1779 (2). Le 20 avril 1788, il servait encore au régiment de Bourgogne-Infanterie, ainsi qu'en fait foi sa procuration qu'il donnait, à cette date, à Louis Châtaigner, notaire, pour payer la somme de 700 livres, pour fonds principal et amortissement d'une rente due à la fabrique de la Rabatelière (3). Il serait mort en 1793, mais sa trace est perdue. Les historiens des guerres de la Vendée citent un Monsieur de Tinguy, chef de division de la grande armée vendéenne, lequel, échappé au désastre de Savenay le 23 décembre 1793, aurait rejoint Monsieur de Donissan, et pris part au coup de main de la prise d'Ancenis, et enfin, selon toute apparence, aurait succombé dans le combat qui suivit, où fut pris Monsieur de Donissan, que les républicains conduisirent à Angers pour y être fusillé, en janvier 1794. Toujours est-il qu'on ne voit nulle part qu'il ait émigré, et que Monsieur de Tinguy du Pouët, réclamant l'indemnité pour les biens de sa famille vendus nationalement, écrivait que son frère aîné était mort au champ d'honneur.

2° Marie-Julie-Henriette-Adélaïde, née au château du Pouët, le 16 décembre 1759, et baptisée le lendemain, dont acte aux registres paroissiaux de Saint-Mars-la-Réorthe (4). Elle est décédée à l'âge de 25 ans, et sans alliance.

3° Pierre-Alexandre-Benjamin, dont l'article suivra.

4° Pierre-Marie-Armand, né au château du Pouët, le 30 octobre 1762, et baptisé le lendemain, suivant acte aux registres paroissiaux de Saint-Mars-la-Réorthe (5), et décédé jeune.

5° Jean-François, né au château du Pouët, le 28 novembre 1763, baptisé le même jour, suivant acte aux registres paroissiaux de Saint-Mars-la-Réorthe (6). Il était garde de marine à Rochefort le 1er juillet 1780, et mourut à Paris, le 6 octobre 1787.

6° Richard-Auguste-Constant-Honoré, né au château du Pouët, le 27 janvier 1766, et baptisé le lendemain, suivant acte aux registres paroissiaux de Saint-Mars-la-Réorthe (7). Il est mort en bas âge.

7° Marie-Armande-Sophie-Céleste, née au château du Pouët le 11 juin 1768, et baptisée le lendemain, décédée le 17 du même mois et inhumée le 18, dans le cimetière de Saint-Mars-la-Réorthe, suivant actes aux registres de cette paroisse (8).

(1, 2 et 3) Originaux, aux archives de la Viollière.
(4, 5 6, 7 et 8) Archives de la fabrique de Saint-Mars-la-Réorthe.

XII

PIERRE-ALEXANDRE-BENJAMIN de Tinguy, chevalier, s^{gr} du Pouët, est né au château du Pouët, le 22 mars 1761, et a été baptisé le jour même, suivant acte aux registres paroissiaux de Saint-Mars-la-Réorthe (1).

Il eut d'abord l'intention d'entrer dans l'Ordre de Malte et fit des démarches dans ce but. Ce fut pour lui et son frère Jean-François, que leur parent Charles-Louis de Tinguy, chevalier, s^{gr} marquis de Nesmy, fit faire en 1778 des extraits des papiers de famille conservés au château de Nesmy, et dont ils avaient besoin pour faire les preuves exigées de leur noblesse. Ils abandonnèrent l'un et l'autre ce projet, et Benjamin entra comme cadet au régiment de Bourgogne-Infanterie, où servait son frère aîné Charles de Tinguy de Vanzay, en qualité d'officier. Sous-lieutenant en 1780, il était lieutenant en 1788. Il émigra au mois d'octobre 1791, servit à l'armée des Princes, passa au régiment de Béthisy, fut du nombre des émigrés qui eurent un instant l'espoir de débarquer en Vendée à la suite du Comte d'Artois, retourna dans l'Infanterie-noble du Prince de Condé, fut blessé à Ober-Kamlack le 13 août 1796, et demeura dans ce corps jusqu'à son licenciement, en avril 1801. Au mois de janvier précédent, il avait été reçu chevalier de Saint-Louis par le prince de Condé. En juillet de la même année, il fut arrêté à sa rentrée en France, et subit un emprisonnement de six semaines. Les terres de Vanzay, du Pouët, de la Ferté, et autres qui lui appartenaient, ayant été vendues nationalement, il vint habiter d'abord le bourg de Chavagnes-en-Paillers, et, après son mariage, la Gaudière, en la commune de Saligny, puis enfin la Clavelière, après la mort de mademoiselle du Pouët, Henriette de Tinguy, sa tante.

Benjamin de Tinguy épousa dame *Louise-Henriette-Armande* de Buor (2), sa cousine germaine, fille de Monsieur Louis de Buor du

---

(1) Archives de la fabrique de Saint-Mars-la-Réorthe.
(2) Buor porte : *d'argent à trois coquilles de gueules mal ordonnées, au franc-canton d'azur.* — Noble et ancienne famille du Bas-Poitou, qui s'est beaucoup répandue dans cette province. Guillaume Buor, valet, s^{gr} de la Lande, accompagna saint Louis, en 1270, à sa croisade en Afrique. Sa descendance a formé les branches de la Gerbaudière, de la Lande, de la Durandrie, de la Jousselinière, du Recredy, de Villeneuve, de la Mothe-Freslon, de la Chasnollière, de la Voy, etc. Cette maison a fourni de nombreux officiers distingués aux armées de terre et de mer, et notam-

Recredy et de dame Marie-Julie-Armande de Suzannet, et veuve de Monsieur Auguste de Buor du Rosay, suivant contrat du 10 floréal an XII

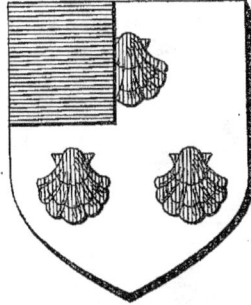

(30 avril 1804), par-devant André-Philippe Danyau et Louis-René Bardoul, notaires au Poiré-sur-Vie.

Goutteux en 1815, il ne put prendre part active au soulèvement des Vendéens. En 1816, il fut retraité chef de bataillon, et devint pendant longtemps maire de la commune de Saint-Fulgent.

Il mourut à Bourbon-Vendée, le 15 juin 1830, et fut inhumé dans le cimetière de cette ville.

Sa veuve lui survécut jusqu'au 24 février 1844.

Ils avaient eu plusieurs enfants :

1° Louis-Henri-Benjamin, dont l'article suivra.

2° Léon-Auguste, dont l'article viendra aussi.

3° Charles-Armand, né à la Clavelière, le 9 novembre 1808, et décédé au même lieu, le 25 septembre 1826.

4° Ferdinand, né à la Clavelière, le 14 mars 1811, et décédé le....... 18.. à Paris, sans alliance.

5° Armand-Alexandre, jumeau avec le précédent, et décédé à la Clavelière, le 30 avril 1811.

---

ment à la fin du siècle dernier, Louis-François-Jean-Bénoît Buor, chevalier, s^{gr} de la Chasnollière, brigadier des armées navales du roi Louis XVI ; et son frère Louis-Francois Buor, chevalier, s^{gr} de la Charouillère, contre-amiral, qui s'est illustré à la bataille d'Ouessant, et rédigea un remarquable traité sur la tactique navale : nommé chef d'escadre en 1792, il se retira du service à l'occasion de la Révolution. Sont encore représentées les branches de la Jousselinière, de Villeneuve et de la Voy.

XIII

LOUIS-HENRI-BENJAMIN DE TINGUY DU POUET est né le 2 bru-
maire an XIII, dans la commune de Boufféré, où sa mère était de passage.
Il épousa demoiselle *Caroline-Bénigne* DE BUOR DE LA VOY (1), fille de

Monsieur Alexandre-Louis de Buor de la Voy, chef d'escadrons, chevalier de Saint-Louis, et de dame Thérèse-Stéphanie de Bernon, suivant
contrat du 20 novembre 1827, en l'étude de maître Augustin Biré,
notaire à Luçon.

Le 19 juin 1828, il succéda à son père, démissionnaire de la mairie de
Saint-Fulgent, et démissionna lui-même en 1830.

Il mourut à la Clavelière, le 29 octobre 1864. Sa veuve lui survécut
jusqu'au 24 février 1870.

Ils avaient eu neuf enfants :

1º Stéphanie-Louise-Augustine, née à la Clavelière, le 27 août 1828,
mariée à Saint-Fulgent, le 17 mai 1859, à Monsieur Henri-Amable comte
de Villedon (2), fils de Monsieur Romain-Simon-Hugues comte de Vil-

---

(1) Buor : voir page 69, annotation (2).
(2) De Villedon porte : *d'argent à trois fasces ondées de gueules.* — Très ancienne
famille, originaire de la Marche et établie depuis plusieurs siècles en Poitou. Jacques
de Villedon, sgr dudit lieu, reçoit en 1089 un dénombrement de Jehan Bacquet.
Jehan de Villedon rendait hommage à Bernard d'Armagnac, comte de la Marche,
le 10 juillet 1444, pour raison de sa forteresse de Villedon. François de Villedon,
écuyer, sgr de Maisonnay, a été maintenu noble par M. d'Aguesseau, intendant du
Limousin, le 2 septembre 1666. Hugues de Villedon, écuyer, sgr de Lavault, capitaine
de cavalerie, commanda un escadron de la noblesse du Poitou, au ban de 1758.

ledon et de dame Thérèse-Chantal de Jouslard : contrat en date de la veille, en l'étude de maître Pertuzé, notaire à Saint-Fulgent.

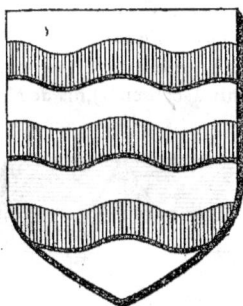

2° Félicie-Léontine, née à la Clavelière, le 31 octobre 1829, et décédée sans alliance, le 2 novembre 1854.

3° Elisa, née à la Clavelière, le 2 avril 1831, et mariée à Saint-Fulgent, le 23 novembre 1860, à Monsieur Louis-Ferdinand Mercier de la Ville-hervé (1), fils de Monsieur Alexandre-Victor Mercier de la Villehervé et

de dame Charlotte-Joséphine Chaboceau : contrat en date de la veille, en l'étude de maître Pertuzé, notaire à Saint-Fulgent.

---

(1) Mercier de la Villehervé porte : *d'argent à la fasce de sable accompagnée de trois mouchetures d'hermine de même, 2 en chef et 1 en pointe.* — Famille des environs de Parthenay, anoblie par lettres du mois de décembre 1696, en la personne de Jean Mercier, écuyer, sᵍʳ de la Villehervé, dont les armoiries furent réglées et blasonnées suivant acte donné par M. d'Hozier, en date du 28 du même mois 1699.

4° Caroline-Henriette, née à la Clavelière, le 6 janvier 1833, et décédée au même lieu, le 10 mai 1849.

5° Benjamin-Gustave, né à la Clavelière, le 4 octobre 1838, et décédé au même lieu, le 22 mai de l'année suivante.

6° Emilianne-Alphonsine, née à la Clavelière, le 19 mars 1840, et mariée à Monsieur Antonin Jacobsen (1), fils de Monsieur Auguste Jacob-

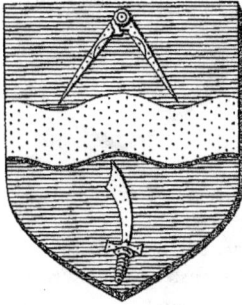

sen et de dame Antonie-Anne-Cornélie Vallée, le 25 août 1864, à Saint-Fulgent : contrat en date de la veille, en l'étude de maître Chauvin, notaire à Saint-Fulgent.

7° Alix-Gabrielle-Benjamine, née à la Clavelière, le 9 mars 1847, et mariée à Saint-Fulgent, le 25 janvier 1870, à Monsieur Théophile-Marie-Alphonse de Tinguy de la Giroulière, second fils de Monsieur

---

(1) Jacobsen porte : *d'azur à une fasce ondée d'or, accompagnée en chef d'un compas de même, et en pointe d'un cimeterre de même aussi.* — Très ancienne famille, originaire de la Brille, en Hollande. En 1309, Clays Jacobsen, sire de la Brille, fut envoyé par Guillaume III, comte de Hollande, en Angleterre pour régler les dommages occasionnés de part et d'autre par les prises faites en mer. En 1439, Evrard Jacobsen fut bourgmestre d'Amsterdam. Michel Jacobsen, amiral général de l'Espagne, sauva, en 1583, la flotte *Invincible Armada* d'une perte totale. Philippe II, roi d'Espagne, lui fit faire, en 1632, des funérailles magnifiques, et voulut qu'on déposât son corps dans la cathédrale de Séville, à côté de ceux de Christophe Colomb et de Fernand Cortès. Une des filles de Michel Jacobsen épousa Michel Bart, et fut la mère du célèbre Jean Bart. Son fils Jean Jacobsen, capitaine de vaisseau pour le roi d'Espagne, soutint un combat héroïque de 14 heures avec un seul navire contre neuf navires hollandais, coula le vaisseau amiral ennemi, mit le feu aux poudres, et se fit sauter plutôt que de se rendre.

Victor-Gabriel de Tinguy de la Giroulière et de dame Victoire-Adèle-Pierre de Barbarin du Grand-Plessis : contrat en date de la veille, en l'étude de maître Chauvin, notaire à Saint-Fulgent.

8° Charles-Armand, né à la Clavelière, le 1ᵉʳ janvier 1849, et décédé au même lieu, le 1ᵉʳ février 1852.

9° Marie-Brigitte, née à la Clavelière, le 22 septembre 1853, est décédée le lendemain.

PREMIER RAMEAU DE LA BRANCHE DU POUET.

XIII

LÉON-AUGUSTE DE TINGUY DU POUËT, frère puîné du précédent, naquit le 20 juin 1806, à la Gaudière, commune de Saligny.

Il épousa demoiselle *Elisa-Adélaïde* DE BUOR DE LA VOY (1), fille de Monsieur Louis-Alexandre de Buor de la Voy, chef d'escadrons, chevalier de Saint-Louis, et de dame Jeanne-Thérèse-Stéphanie de Bernon,

(1) Buor : voir page 69, annotation (2).

BRANCHE DE VANZAY ET DU POUËT

Florimond, chev., sʳ de Vanzay.
Élisabeth Boucquet de la Clavelière.

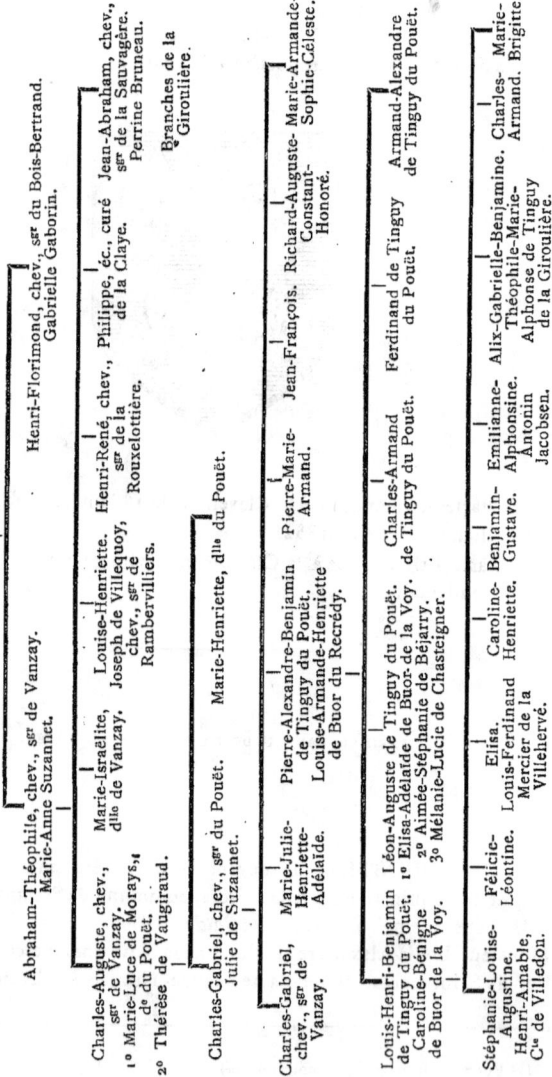

Henri-Florimond, chev., sʳ du Bois-Bertrand.
Gabrielle Gaborin.

Abraham-Théophile, chev., sʳ de Vanzay.
Marie-Anne Suzannet.

Henri-René, chev., sʳ de la Rouxelottière.

Philippe, éc., curé de la Claye.

Jean-Abraham, chev., sʳ de la Sauvagère.
Perrine Bruneau.

Branches de la Giroulière.

Charles-Auguste, chev., sʳ de Vanzay,
1º Marie-Luce de Morays, dᵉ du Pouët,
2º Thérèse de Vaugiraud.

Marie-Israëlite, dᵉ de Vanzay.

Louise-Henriette.
Joseph de Villequoy, chev., sʳ de Rambervilliers.

Charles-Gabriel, chev., sʳ du Pouët.
Julie de Suzannet.

Marie-Henriette, dᵉ du Pouët.

Charles-Gabriel, chev., sʳ de Vanzay.

Marie-Julie-Henriette-Adélaïde.

Pierre-Alexandre-Benjamin de Tinguy du Pouët.
Louise-Armande-Henriette de Buor du Recrédy.

Pierre-Marie-Armand.

Jean-François.

Richard-Auguste-Constant-Honoré.

Marie-Armande-Sophie-Céleste.

Louis-Henri-Benjamin de Tinguy du Pouët.
Caroline-Bénigne de Buor de la Voy.

Léon-Auguste de Tinguy du Pouët.
1º Élisa-Adélaïde de Buor de la Voy,
2º Aimée-Stéphanie de Béjarry.
3º Mélanie-Lucie de Chasteigner.

Charles-Armand de Tinguy du Pouët.

Ferdinand de Tinguy du Pouët.

Armand-Alexandre de Tinguy du Pouët.

Stéphanie-Louise-Augustine,
Henri-Amable, Cᵗᵉ de Villedon.

Félicie-Léontine.

Élisa.
Louis-Ferdinand Mercier de la Villehervé.

Caroline-Henriette.

Benjamin-Gustave.

Emilianne-Alphonsine-Antonin Jacobsen.

Alix-Gabrielle-Benjamine-Théophile-Marie-Alphonse de Tinguy de la Giroulière.

Charles-Armand.

Marie-Brigitte.

suivant contrat du 20 novembre 1827, en l'étude de maître Augustin Biré, notaire à Luçon.

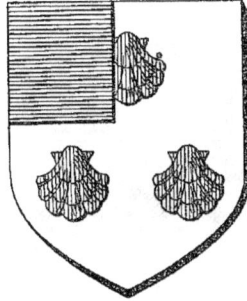

Devenu veuf le 30 août 1834, il se remaria avec demoiselle *Aimée-Stéphanie de Béjarry* (1), fille de Monsieur Charles-Armand de Béjarry,

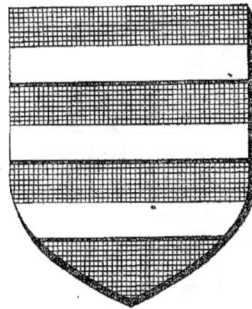

chevalier de Malte, et de dame Marie-Suzanne-Bénigne de Bernon, suivant contrat du 2 octobre 1837, en l'étude de maître Lenepveu, notaire à la Caillère.

Il perdit encore cette seconde femme le 2 juillet 1840 et convola en troisièmes noces avec demoiselle *Mélanie-Lucie* DE CHASTEIGNER DU BER-

(1) Béjarry : voir page 23, annotation (2).

GERIOU (1), fille de Monsieur Daniel-Fortuné de Chasteigner du Bergeriou et de dame Amélie de Grimoüard, suivant contrat du 28 novembre
1843, en l'étude de maître Vinet, notaire à Fontenay-le-Comte.

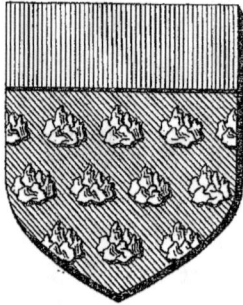

Léon de Tinguy du Pouët est mort à la Haute-Clavelière, le 22 avril
1863. Sa veuve lui a survécu jusqu'au 17 janvier 1895.

Il avait eu des enfants de ses trois mariages :

Du premier :

1º Louis-Alexandre-Auguste, né à Saint-André-Goule-d'Oie, le 23 décembre 1829, et décédé le 27 avril 1832.

2º Charles-Hippolyte, dont l'article suivra.

3º Marie-Léontine, née à Saint-André-Goule-d'Oie, le 10 juin 1833, et
mariée à Monsieur Camille-Albert Majou de la Débutrie (2), fils de Monsieur Gustave Majou de la Débutrie et de dame Clémence Sochet des

---

(1) De Chasteigner de Bergeriou porte : *de sinople semé de rochers d'argent, et au
chef cousu de gueules.* — Famille originaire de la Rochelle où on la trouve au
xvᵉ siècle, occupant des charges municipales. Isaac Chasteigner, chevalier, sᵉʳ des
Ouillères, élection de Fontenay-le-Comte, fut maintenu noble en 1668, et son fils
Daniel Chasteigner, chevalier, sᵉʳ du Bergeriou, fut également confirmé dans sa noblesse, le 5 mai 1715, par M. de Richebourg.

(2) Majou de la Débutrie porte : *d'azur à la tête de lion arrachée d'argent, lampassée
de gueules, accompagnée de trois trèfles d'or, posés 2 et 1.* — Au milieu du xviiiᵉ siècle,
René-Augustin Majou était sᵉʳ de Montsireigne ; son fils aîné René-Augustin Majou,
aussi sᵉʳ de Montsireigne, était président de l'élection de Fontenay-le-Comte ; son
second fils fut Jacques Majou, sᵉʳ de la Débutrie.

Touches, suivant contrat du 14 juin 1858, en l'étude de maître Pertuzé, notaire à Saint-Fulgent.

Du second mariage :

4° Léontine-Aimée-Bénigne, née à Saint-André-Goule-d'Oie, le 3 mars 1838, mariée à Saint-Fulgent, le 14 avril 1863, à Monsieur Jules-Marie-Victor de Tinguy de la Giroulière, fils aîné de Monsieur Victor-

Gabriel de Tinguy de la Giroulière et de dame Victoire-Adèle-Pierre de Barbarin du Grand-Plessis; contrat en date de la veille, en l'étude de maître Chauvin, notaire à Saint-Fulgent.

5° Léon-Armand, dont l'article viendra.

Du troisième mariage : •

6° Marie-Thérèse-Mélanie, née à la Haute-Clavelière, le 28 février

1845, et mariée à Monsieur Henri-Georges de Fontaines (1), fils de Monsieur Eugène-Modeste-Emery de Fontaines et de dame Justine

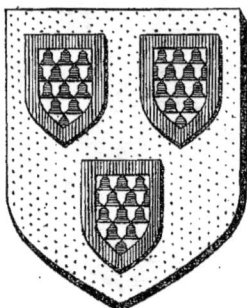

Dubois de la Groix, suivant contrat du 27 avril 1868, en l'étude de maître Samuel Buet, notaire à Napoléon-Vendée.

7° Ferdinand-Raoul, né à la Haute-Clavelière, le 20 septembre 1846, et décédé à la Roche-sur-Yon, le 31 juillet 1876, sans alliance.

XIV

CHARLES-HIPPOLYTE de Tinguy du Pouet, né à Saint-André-Goule-d'Oie, le 10 août 1831, épousa demoiselle *Berthe* Robert du Botneau (2), fille de Monsieur Charles Robert du Botneau et de dame Louise Pichard de la Caillère, suivant contrat du 5 juillet 1859, en l'étude de maître Daniel-Lacombe, notaire à Fontenay-le-Comte.

---

(1) De Fontaines porte : *d'or à trois écussons de vair bordés de gueules.* — Cette famille, d'après la Chesnaye des Bois, serait originaire de la Bourgogne. Un de ses membres se croisa sous la conduite de Godefroy de Bouillon, et se trouva à la prise de Jérusalem, le 5 juillet 1099. Vers 1525, un autre membre de cette famille s'établit en Touraine, et Pierre de Fontaines, son arrière-petit-fils, vint en Bas-Poitou en 1625. Un de ses descendants, Pierre de Fontaines aussi, était secrétaire des finances de Madame, fille de France, duchesse de Béjarry, en 1714. Il eut de nombreux enfants, dont Guy de Fontaines, chevalier, sᵍʳ de la Morandière, fixé à la Châtaigneraie, auteur de la branche poitevine, qui a produit, à l'époque contemporaine, un député de la Vendée, M. Eugène de Fontaines.

(2) Robert du Botneau porte : *d'argent à trois merlettes d'azur, posées 2 et 1, surmontées de trois étoiles de même rangées en chef.* — Famille de l'échevinage de Fontenay-le-Comte.

En 1878, il fut appelé par Monsieur le Comte de Chambord à faire partie de son comité départemental de la Vendée.

Il est décédé au château de la Simonnière, en la commune de Bourneau, le 12 mars 1894. Sa femme l'avait précédé de 7 ans dans la tombe ; elle était morte à Angers, le 25 février 1887.

Ils avaient eu deux enfants :

'1° Marie-Charlotte-Berthe, née à Fontenay-le-Comte le.... avril 1860, et décédée en la même ville, le 14 mai 1877.

2° Robert-Charles, dont l'article suit.

XV

ROBERT-CHARLES de Tinguy du Pouet est né à Fontenay-le-Comte, le 26 janvier 1866.

Il a épousé à Rocheservière, le 26 août 1890, demoiselle *Amicie-Elisa-*

*beth-Marie*DE GOUÉ (1),fille de Monsieur Léon-Marie-Louis de Goûé et de dame Félicie-Marie-Henriette de Citoys.

XIV

LÉON-ARMAND DE TINGUY DU POUET, fils de Léon-Auguste de Tinguy du Pouët et de dame Aimée-Stéphanie de Béjarry, est né à Saint-André-Goule-d'Oie, le 7 juin 1840.

Il a épousé demoiselle *Marie-Pauline-Anaïs* DE VANEL DE RAGEAUX (2),

---

(1) De Goûé porte : *d'or au lion de gueules surmonté d'une fleur de lys d'azur.* — Cette famille très ancienne est originaire du Maine, où se trouve encore aujourd'hui le château de Goûé. Par lettres en date de Soissons, 4 avril 1213, le roi Philippe-Auguste accordait à Alain de Goweo, *miles*, châtelain de la ville et du camp d'Avranches, de porter au chef de ses armes une fleur de lys de France, et qu'au lieu de deux coqs, son écu fût soutenu par deux syrènes, en mémoire de ce que, avec cinq vaisseaux qu'il commandait, il chassa les Anglais sur les côtes de Bretagne, et aussi de l'audacieux courage qu'il montra dans plusieurs périls, sous le commandement de Gautier, comte de Saint-Paul : il lui donnait aussi le gouvernement de la ville et château de Domfront. (Copie en latin, vidimée et collationnée, aux archives de la Viollière.) Par autres lettres du 10 août 1443, le roi Charles VII ordonnait à Guillaume de Goûé, écuyer, sgr dudit lieu, de rassembler et conduire ce qu'il avait pu ramasser de gens d'armes pour joindre les troupes du duc de Bretagne oppressé par les Anglais. (Pièce mentionnée dans un arrêt du Conseil d'Etat, confirmant la noblesse de Jean de Goûé, chevalier, sgr de Villeneuve, en date du 22 mars 1666. — Archives de la Viollière.) Au xviie siècle, une branche de cette famille vint s'établir en Poitou.

(2) De Vanel de Rageaux porte : *Ecartelé : au 1er et au 4e d'azur à trois rocs d'échi-*

fille de Monsieur Jean-Marie- Auguste de Vanel de Rageaux et de dame Marthe-Aimée d'Escaffres de Ronesque, suivant contrat du 5 août 1864, en l'étude de maître Lapurro, notaire à Marmagnac (Cantal).

Léon de Tinguy est décédé au château de la Belottière, en la commune de Saint-Michel- Mont-Mercure, le 19 février 1886.

Il n'a laissé qu'un fils unique, Jean-Marie-Charles-Louis, né au château de la Belottière, le 23 mars 1875.

---

quier d'or ; au 2ᵉ et au 3ᵉ, d'azur à la colombe essorante d'argent, becquée de gueules, et tenant en son bec un rameau d'olivier de sinople ; sur le tout, d'argent au chêne de sinople mouvant d'une terrasse de même. — Famille originaire du Languedoc, et établie en Auvergne au commencement du xixᵉ siècle seulement. M. de Vanel de l'Isleroy épousa demoiselle de Calonne, dont la sœur Mᵐᵉ de Rageaux, chanoinesse, laissant à son neveu sa propriété de Rageaux, dans le Cantal, voulut qu'il en portât le nom.

RAMEAUX DE LA BRANCHE DU POUËT

Léon-Auguste de Tinguy du Pouët.
1º Elisa-Adélaïde de Buor de la Voy.
2º Aimée-Stéphanie de Béjarry.
3º Mélanie-Lucie de Chasteigner du Bergeriou.

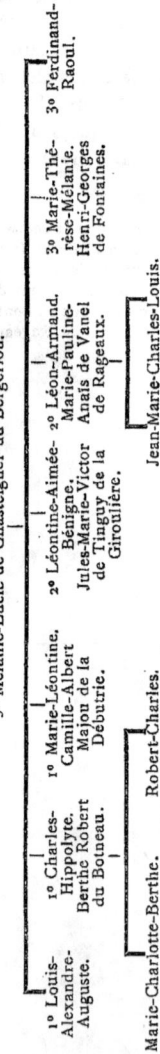

1º Charles-Hippolyte. Berthe Robert du Botneau.

1º Marie-Léontine, Camille-Albert Majou de la Débutrie.

2º Léontine-Aimée-Bénigne, Jules-Marie-Victor de Tinguy de la Giroulière.

2º Léon-Armand, Marie-Pauline-Anaïs de Vanel de Rageaux.

3º Marie-Thé-rèse-Mélanie. Henri-Georges de Fontaines.

3º Ferdinand-Raoul.

1º Louis-Alexandre-Auguste.

Marie-Charlotte-Berthe.

Robert-Charles, Amicie-Elisabeth-Marie de Goué.

Jean-Marie-Charles-Louis.

BRANCHE DE LA SAUVAGÈRE
ET DE LA GIROULIÈRE

X

JEAN-ABRAHAM Tinguy, chevalier, s^{gr} de la Sauvagère, fils quatrième puîné d'Abraham-Théophile Tinguy, chevalier, s^{gr} de Vanzay, et de dame Marie-Anne Suzannet, naquit en 1709.

Malgré qu'il portât la qualification de s^{gr} de la Sauvagère, cette terre noble était échue en partage à son frère aîné Charles-Auguste Tinguy, chevalier, s^{gr} de Vanzay, à la charge pour ce dernier de lui servir une rente noble de 146 livres 3 sols et 4 deniers, assise sur ladite terre de la Sauvagère, ainsi qu'il appert d'un acte sous seing privé en date du 7 décembre 1729 (1). Leur père l'avait acquise par arrentement de Charles-François de Montaigu, chevalier, s^{gr} de Boisdavy, dont acte du 13 avril 1680, reçu par Brevet et Payneau, notaires de la baronnie du Puybelliard (2). Elle a été aliénée par Léon-Auguste de Tinguy du Pouët.

Abraham résida longtemps au château de Boisréaux, chez sa sœur

---

(1) Original aux archives de la Viollière.
(2) Grosse en papier, aux archives de la Viollière.

Madame de Rambervilliers, et c'est dans la chapelle de ce château que fut célébré son mariage avec demoiselle *Perrine* BRUNEAU (1), fille de Philippe-Auguste Bruneau, chevalier, sgr de la Giroulière, et de dame Marie-Madeleine de Chevigné, ainsi que l'atteste l'acte de mariage, en date du 18 janvier 1746, aux registres paroissiaux de Chauché (Jude Bellouard, curé de Chauché) (2).

En 1751, et années suivantes, on le trouve habitant la Chevalleraye, dans la paroisse de Saint-André-Goule-d'Oie.

Il mourut à la Giroulière, âgé de 75 ans, le 18 mars 1784, et fut inhumé le lendemain dans le cimetière de la Rabastelière, suivant acte aux registres de cette paroisse (Gilbert, curé de la Rabastelière) (3).

Il avait eu onze enfants :

1° Charles-Henri, né au château de Boisreaux, le 3 janvier 1747, et baptisé le même jour à Chauché, suivant acte aux registres de cette paroisse (Jude Bellouard, curé de Chauché) (4). Il est décédé à la Chevalleraye, le 25 mars 1756, d'après l'acte de son inhumation, aux registres paroissiaux de Saint-André-Goule-d'Oie (Musset, prieur de Saint-André-Goule-d'Oie) (5).

2° René-Abraham, baptisé à Saint-Fulgent le 21 septembre 1748, décédé le 2 décembre de l'année suivante, et inhumé le lendemain aussi à Saint-Fulgent, dont actes aux registres de cette paroisse (Gilbert, curé de Saint-Fulgent) (6).

3° René-Henri, chevalier, sgr de la Sauvagère, né à Saint-Fulgent le 17 avril 1750, et baptisé le lendemain, suivant acte aux registres de cette paroisse (Gilbert, curé de Saint-Fulgent) (7). Il se destina d'abord à l'état ecclésiastique et fut pourvu de la chapellenie de Saint-Antoine dans

---

(1) Bruneau porte : *d'argent à sept merlettes* (aliàs *brunettes*) *de sable, posées* 2, 2, 2 *et* 1. — Pierre Bruneau, varlet, suivit un seigneur de Lorraine à la croisade ; et après avoir bataillé contre les infidèles, assistant messires les chevaliers de l'Ordre de Saint-Jean-de-Jérusalem, lui fut donné le château de la Rabastelière, avec deux fiefs, pour les tenir noblement de la Commanderie de Saint-Jean-de-Launay, et à la charge de servir l'Ordre pendant six ans, ainsi qu'il se voit par ladite donation écrite en latin, en date de mai 1276, aux archives du château de la Rabastelière. Cette famille se divisa en plusieurs branches, entre autres celle de la Rabastelière, en faveur de laquelle cette seigneurie fut érigée en baronnie, puis en vicomté ; celle de la Roche, et celle de la Giroulière.

(2) Archives communales de Chauché.

(3) Archives du greffe du Tribunal civil de la Roche-sur-Yon.

(4) Archives communales de Chauché.

(5) Archives de la fabrique de Saint-André-Goule-d'Oie.

(6 & 7) Archives communales de Saint-Fulgent.

l'église de Saint-Denys-la-Chevasse, dont il rendit hommage à Charles-Antoine Durcot de Puitesson, chevalier, s^{gr} de Puitesson et Chauché, le 13 octobre 1769 (1). L'abbé de la Sauvagère n'était encore que dans les Ordres mineurs ; il renonça à l'état ecclésiastique, se démit de sa chapellenie en 1789, et épousa demoiselle Thérèse-Ursule du Plessis de Grénédan (2), fille de. . . . .

. . . .

Lors de l'insurrection du Marais de Challans, au mois de mars 1793, René de Tinguy se mit à la tête de la paroisse de Bouin, avec Ardouin et Frisaye (3). Monsieur Guerry de la Fortinière s'étant emparé de Noirmoutier, le 17 mars, laissa le commandement de Barbâtre à Monsieur de la Roche-Saint-André, qui fut remplacé au bout de quinze jours par René de Tinguy, chargé de défendre le passage du Gois avec cinq cents

---

(1) Archives du château de Puitesson.

(2) Du Plessis de Grénédan porte : *d'argent à la bande de gueules chargée de trois macles d'or, et accostée en chef d'un lion de gueules, armé, lampassé et couronné d'or.* — Cette famille est fort ancienne en Bretagne. Guillaume, sire du Plessis, paroisse de Mauron, évêché de Vannes, vivait en 1190 : il comparut à la montre du roi de France, en 1204, et dans la même année fut un des chevaliers bannerets qui, avec Guy de Thouars, firent le siège du Mont-Saint-Michel, et s'en emparèrent pour le roi de France, ainsi que de la ville d'Avranches. Il combattit à Bouvines dans l'armée de Philippe-Auguste, en 1214. Geoffroy, sire du Plessis-Mauron, était avec saint Louis au siège de Damiette en 1246. Jehanne, héritière du Plessis-Mauron, porta par son mariage, en 1572, cette terre seigneuriale dans la maison de Jean de Bréhan. Un cadet avait formé la branche de Grénédan ; et Jean-Baptiste du Plessis, vicomte de Grénédan, fut maintenu dans sa noblesse par arrêt de réformation du 17 décembre 1668.

(3) *La Vendée en 1793,* par François Grille.

hommes seulement. Il dut se retirer devant les troupes républicaines du général Beysser. Ce dernier, devenu maître de Noirmoutier, conduisit à Nantes et y laissa en état d'arrestation Madame de Tinguy, qui fut jetée dans la prison des Saintes-Claires, avec les deux religieuses de Bévier, Madame de Rorthays et la femme Taconnet (1). Le 11 octobre, Charette à son tour s'empara de Noirmoutier, et y laissa René de Tinguy gouverneur de l'île au nom du Roi. Lorsque les républicains reparurent, la défense avec une garnison absolument insuffisante ne tarda pas à devenir impossible. Sur la parole donnée du général Haxo, le gouverneur consentit une capitulation honorable. Mais la parole du général républicain ne fut pas respectée (2). René de Tinguy, retenu prisonnier, fut fusillé dans les fossés du château de Noirmoutier, le lendemain de la mort du général d'Elbée (3), et ses bourreaux eurent la sauvagerie de lui arracher la langue avant son exécution (4).

4° Henriette, demoiselle de la Sauvagère, née à la Chevalleraye le 11 juillet 1751, fut baptisée le lendemain, suivant acte aux registres paroissiaux de Saint-André-Goule-d'Oie (5). Elle épousa Charles-Antoine

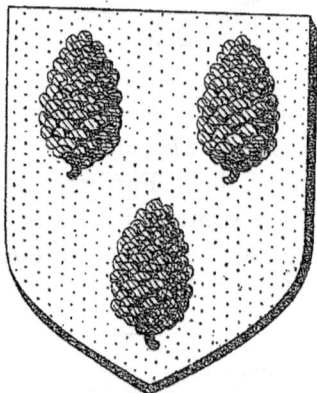

Durcot (6), chevalier, sgr de Puitesson et de Chauché, fils de Gilles Durcot, chevalier, sgr de Puitesson, Chauché et la Maisonneuve, et de dame Marie

---

(1) *Recherches sur Noirmoutier*, par François Piet.
(2 & 3) *La Vendée en 1793*, par François Grille.
(4) Tradition de famille.
(5) Archives de la fabrique de Saint-André-Goule-d'Oie.
(6) Durcot porte : *d'or à trois pommes de pin de sinople.* — Ancienne famille qu'une tradition dit originaire d'Ecosse. Guillaume Durcot, écuyer, sgr de la Servantière, vivait en Bas-Poitou en 1481. Ses descendants ont formé les branches de la Roussière et de l'Estang, des barons de la Grève, des seigneurs de Boisreaux, de Puitesson.

Marin de la Motte-de-Belleville, suivant acte aux registres paroissiaux de Saint-André-Goule-d'Oie (Chevreux, prieur de Saint-André-Goule-d'Oie) (1).

5º Louis-Charles, dont l'article suivra.

6º Perrine-Esprit, née à la Chevalleraye, et baptisée le même jour, le 19 novembre 1773, suivant acte aux registres paroissiaux de Saint-André-Goule-d'Oie (Le Borgne, vicaire) (2), religieuse de l'Union-Chrétienne à Luçon, décédée à la Rabastelière, le 2 mars 1811.

7º César-Gabriel, dont l'article viendra.

8º Marie-Julie-Renée, baptisée à Saint-Fulgent, le 2 mai 1757, suivant acte aux registres de cette paroisse (Gilbert, curé de Saint-Fulgent) (3), religieuse de l'Union-Chrétienne à Luçon.

9º Marie-Madeleine, baptisée à Saint-Fulgent, le 13 décembre 1758, suivant acte aux registres de cette paroisse (P.-M. Gilbert, vicaire) (4), décédée le 11 août 1792, à bord du *Mercure*, suivant déclaration du capitaine Henry-W. Ellister, contresignée par le second capitaine, les matelots et les passagers (5).

10º Joseph-François, chevalier, sᵍʳ de Beaulieu (en la paroisse de la Mer-

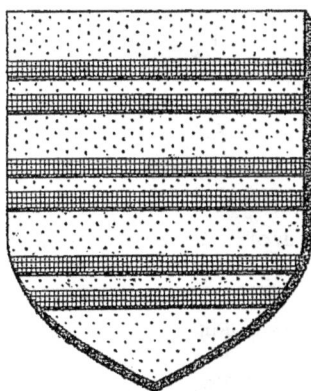

latière), né à Saint-Fulgent, le 18 janvier 1760, suivant acte baptistaire

On trouve parmi eux un gentilhomme ordinaire de la chambre du Roi, sous Henri IV, un gouverneur de Royans, sous Louis XIII, un chevalier de l'ordre du Roi en 1599, un page de Louis XV, et Charles-Désiré Durcot de Puitesson, fils d'Henriette de Tinguy, qui fut adjudant général et chef d'état-major dans l'armée vendéenne, et chevalier de Saint-Louis.

(1 & 2) Archives de la fabrique de Saint-André-Goule-d'Oie.

(3, 4) Archives communales de Saint-Fulgent.

(5) Original aux archives du château de la Source, à Rocheservière.

aux registres de cette paroisse(1). Il prit du service au régiment d'Armagnac, où il était officier en novembre 1784. Il épousa demoiselle Marie-Pélagie de Boisy (2), fille de Jacques-Prosper de Boisy, chevalier, sᵍʳ de la Courtaizière, et de dame Marie d'Escoubleau de Sourdis, suivant acte aux registres paroissiaux de la Gaubretière, en date du 6 février 1786 (3) : contrat du même jour reçu par Marot, notaire à Bazoges-en-Paillers (4). Il émigra en 1792. Il ne laissa qu'une fille, Marie-Anne-Henriette Joséphine, qui épousa Monsieur Luc-Jacques-Fidèle de Guinebauld de la

Grostière (5), fils de Jacques-Luc-Fidèle de Guinebauld, chevalier, sᵍʳ de la Grostière, et de dame..... de Mauclerc.

11° Jeanne-Henriette, baptisée à Saint-Fulgent, le 25 juin 1761, dont acte aux registres de cette paroisse (6), et décédée à Poitiers, le 5 avril 1810.

---

(1) Archives communales de Saint-Fulgent.

(2) De Boisy-Gouffier porte : *d'or à 3 jumelles de sable, aliàs* de Boisy-Gouffier·Courtaizière : *d'or à 3 fasces de sable.* — Famille d'Anjou, branche des Gouffier. Elle a fourni un chef de division de l'armée vendéenne, membre du conseil militaire des armées catholiques et royales ; retiré à Noirmoutier avec le général d'Elbée, il y fut pris avec lui, et fusillé le 7 janvier 1794.

(3) Archives du greffe du Tribunal civil de la Roche-sur-Yon.

(4) *Dictionnaire des familles du Poitou*, par MM. Beauchet-Filleau, article de Boisy.

(5) De Guinebauld porte : *de gueules à trois roses d'argent.* — Vieille famille poitevine. François Guinebauld, écuyer, sᵍʳ du Fief et de la Millière ; François Guinebauld, écuyer, sᵍʳ du Fief, et Jacques Guinebauld, écuyer, sᵍʳ de la Grostière, furent maintenus nobles par sentence du 9 août 1667.

(6) Archives communales de Saint-Fulgent.

XI

LOUIS-CHARLES chevalier DE TINGUY, fils premier puîné de Jean-Abraham Tinguy, chevalier, sᵍʳ de la Sauvagère, et de dame Perrine Bruneau de la Giroulière, naquit à la Chevalleraye, le 8 octobre 1752, et fut baptisé le même jour à Saint-André-Goule-d'Oie, dont acte aux registres de cette paroisse (Musset, prieur de Saint-André-Goule-d'oie) (1).

En 1766, il commença à naviguer sur les navires de commerce ; puis, en 1771, il s'engagea comme volontaire sur les vaisseaux du Roi : nommé lieutenant de frégate en 1777, il fit les campagnes de Saint Domingue, des Iles-du-Vent, des États-Unis d'Amérique, de la mer Baltique et de la Méditerranée. Il se retira en 1786, ayant obtenu, comme officier, sur les fonds de la marine, une pension de 360 livres pour sa retraite, en considération de ses services et du mauvais état de sa santé.

Il épousa à Mormaison, le 21 février 1786, demoiselle *Renée-Sophie*

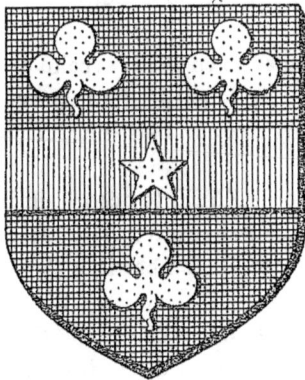

DE BARBERÉ (2), fille de feu Michel de Barberé, écuyer, sᵍʳ de l'Epiardière,

---

(1) Archives de la fabrique de Saint-André-Goule-d'Oie.

(2) De Barberé porte : *de sable à la fasce cousue de gueules, chargée d'une étoile d'or, et accompagnée de trois trèfles de même, 2 en chef et 1 en pointe.* — Cette famille est issue d'un maître des comptes en 1568. Michel Barberé, écuyer, sᵍʳ de la Belottière, et François Barberé, écuyer, son frère, dans l'évêché et ressort de Nantes, furent maintenus nobles par arrêt de réformation en date du 27 novembre 1668, et reconnus nobles d'extraction.

et de dame Madeleine Béton, dont acte aux registres de cette paroisse (1) : contrat du même jour par-devant Noeau, notaire à Rocheservière.

Nommé commandant de la marine, en 1791, à Noirmoutier, il émigra, le 8 octobre de la même année, en Angleterre. On lui confia le commandement d'un bâtiment destiné au transport des agents des Princes auprès du général Charette, et au débarquement des poudres sur les côtes de la Vendée, en 1794. Il fut reçu chevalier de Saint-Louis le 14 mars 1796. Il rentra en France en 1801.

En 1815, il fut chargé de pourvoir aux subsistances de l'armée vendéenne dans le canton de Rocheservière. L'année suivante, il fut retraité en qualité de lieutenant de vaisseau, nommé maire de Rocheservière, et juge de paix de ce canton, fonctions qu'il exerça jusqu'en 1820.

Il mourut à Rocheservière, le 7 janvier 1828, ne laissant qu'un fils unique, dont l'article suit.

XII

ONÉSIPPE-RENÉ-MICHEL de Tinguy naquit à Noirmoutier, le 19 avril 1787.

Il fit la campagne d'Allemagne en 1813, et celle de France qui la suivit, dans le troisième régiment de la garde d'honneur, sous les ordres du général de Ségur, et prit part aux combats d'Erfurt, de Hanau, de Brienne et de Montmirail.

Le 10 décembre 1814, Louis XVIII le décora du lys. L'année suivante, il rejoignit le général de Suzannet, et en qualité de capitaine adjudant en premier de la division de Legé, il combattit à Aizenay, à la Grolle et à Rocheservière.

On lui délivra, le 13 mai 1816, le brevet de lieutenant de cavalerie ; puis, le 6 octobre 1817, celui de chef d'escadrons dans la garde nationale de l'arrondissement de Nantes.

Le Roi l'appela à l'emploi de percepteur des contributions directes à Rocheservière en 1823, et le fit chevalier de la Légion d'honneur le 30 octobre 1829.

En 1832, Onésippe de Tinguy fut avec Messieurs de Goulaines de Goyon, de la Roche-Saint-André et autres, du nombre de ceux qui n'approuvèrent pas le soulèvement tenté par Madame la Duchesse de Berry

---

(1) Archives du greffe du Tribunal civil de la Roche-sur-Yon.

dans la Vendée, estimant que cette entreprise n'avait aucune chance de succès. Tout en restant au rang des plus dévoués et des plus assidus serviteurs de l'héroïque Princesse, prêts à marcher au premier signal et au premier rang, ils essayèrent respectueusement de la dissuader. Pendant le séjour de Son Altesse Royale aux environs de Rocheservière, Onésippe de Tinguy eut plusieurs fois l'honneur de transporter Petit-Pierre à cheval en croupe derrière lui.

Il avait épousé demoiselle *Marie-Henriette-Clémentine* ACQUET DE FÉROLLES (1), fille de Monsieur Jacques-René Acquet, chevalier, sᵍʳ de

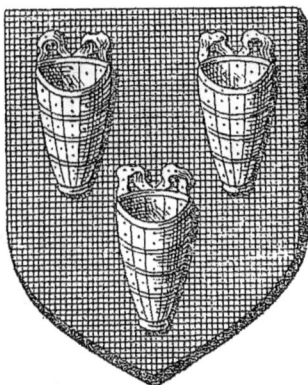

Férolles, Haute-Porte, la Vergne, etc., et de dame Mélanie Fouques de Monville, suivant contrat du 9 mars 1815, en l'étude de maître. . . .

Madame de Tinguy est décédée au Pavillon-du-Château, à Rocheservière, le 3 décembre 1862. Onésippe de Tinguy y est mort lui-même le 28 mars 1873.

Ils avaient eu deux enfants :

1° Alphonse-Charles-Onésippe, dont l'article suivra.

2° Zénobie-Marie-Sophie, née à Rocheservière le 14 septembre 1822, mariée à Monsieur Félix-Marie de la Grandière (2), fils de Monsieur

---

(1) Acquet de Férolles porte : *de sable à trois hacquets (paniers de vendange) d'or, posés 2 et 1.* — Famille poitevine. Un édit du mois de mai 1643 ordonnait que deux personnes seraient anoblies dans chaque généralité du royaume, en mémoire de l'heureux avènement du roi Louis XIV. En vertu de cet édit, Pierre Acquet, sᵍʳ d'Oré et de la Vergne, paroisse de Maulay, élection de Thouars, et son fils René Acquet, gendarme du Roi, furent anoblis par lettres du mois de mai 1645. Cette famille a fourni depuis des officiers des armées et plusieurs chevaliers de Saint-Louis.

(2) De la Grandière porte : *d'azur au lion d'argent, couronné, lampassé, et armé d'or.* — Cette famille est une des plus anciennes de l'Anjou, où se trouve la terre de

Jacques-Marie-Augustin, vicomte de la Grandière, capitaine de vaisseau, officier de Saint-Louis, et de dame Marie-Anne-Michelle Chaillou de l'Estang, suivant contrat du 24 novembre 1855, en l'étude de maître

Mercier, notaire à Rocheservière. Madame de la Grandière est décédée au château de la Source, près Rocheservière, le 9 juillet 1868.

XIII

ALPHONSE-CHARLES-ONÉSIPPE DE TINGUY est né à Rocheservière le 5 mai 1818.

Il épousa demoiselle *Marie* DODUN DE KÉROMAN (1), fille de Mon-

---

la Grandière, paroisse de Neuville. Luc de la Grandière fondait, en 1286, une chapelle dans l'abbaye de Saint-Serge d'Angers, au témoignage de Gilles Ménage. Les de la Grandière ont fourni de nombreux officiers distingués des armées de terre et de mer, et particulièrement à l'époque contemporaine M. Pierre-Paul-Marie de la Grandière, vice-amiral, grand-officier de la Légion d'honneur, commandeur de l'Ordre de Pie IX, etc. M. Félix de la Grandière est décédé en 1890, conseiller général de la Vendée pour le canton de Rocheservière. A son siège à l'assemblée départementale lui a succédé son fils, M. Louis de la Grandière, ancien officier de cavalerie.

(1) Dodun de Kéroman porte : *d'azur à la fasce d'or chargée d'un lion naissant de gueules, et accompagnée de trois grenades tigées et feuillées d'or, ouvertes de gueules, 2 en chef et 1 en pointe* (aliàs, *trois limaçons d'argent*). — Cette famille est originaire de Tonnerre. Elle a pour auteur Gaspard Dodun de Kéroman, reçu secrétaire du Roi le 7 juillet 1655, pourvu de lettres d'honneur le 5 août 1667. Claude Dodun fut secrétaire du Roi en la chancellerie de Navarre. Charles-Gaspard Dodun, contrôleur général des finances, fut créé marquis d'Herbault par lettres du mois de mars 1733, et mourut sans postérité. Claude-Laurent-Marie Dodun de Kéroman obtint en 1826 l'érection de plusieurs terres en marquisat.

sieur Jean-Baptiste-Charles Dodun, marquis de Kéroman, et de dame
Lydie Panou-Desbassayns de Richemont, suivant contrat du 29 décembre 1851, en l'étude de maître Guyon, notaire à Paris.

Il est décédé le 8 novembre 1871, au Pavillon-du-Château, à Rocheservière, et sa veuve au même lieu, le 23 février 1887.

Ils ont eu deux enfants :

1° Marie-Isabelle-Clémentine, née à Rocheservière, le 6 juin 1853, et

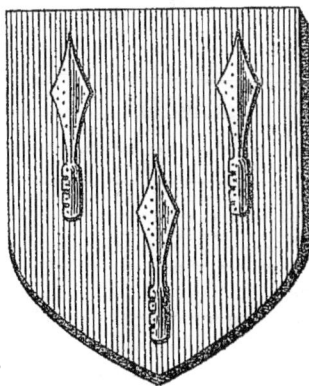

mariée à Monsieur Gabriel-Marie de la Roche-Saint-André (1), fils de

(1) De la Roche-Saint-André porte : *de gueules à trois fers de lance d'or*, aliàs *à trois roquets d'or, et encore à trois rocs d'échiquier d'or*. — La famille de la Roche paraît en Bretagne avec Juhel de la Roche, qui, vers l'an 1070, souscrivit une donation faite au prieuré de Donget. Brice ou Eudes de la Roche se trouve à la quatrième

Monsieur Alexandre marquis de la Roche-Saint-André et de dame Louise-Aimée-Antoinette de Vay, suivant contrat du 10 juin 1872, en l'étude de maître Reliquet, notaire à Nantes.

2° Henri-Charles-Onésippe, dont l'article suit.

XIV

HENRI-CHARLES-ONÉSIPPE de Tinguy, né à Rocheservière, le 18 février 1856, a épousé demoiselle *Gabrielle* de Rolland (1), fille de

Monsieur Joseph-Louis-Victor, marquis de Rolland, et de dame. . . . . .du Puch de Montbreton, suivant contrat du 23 septembre 1879, en l'étude de maître Latapy, notaire à Preignac (Gironde).

---

croisade (1202-1204). Geoffroy de la Roche prit part au célèbre combat des Trente, le 27 mars 1352. C'est vers cette époque qu'une branche émigra en Poitou, ainsi que le firent plusieurs autres familles bretonnes du parti français, et elle vint s'établir près de Saint-André-Treize-Voies, au lieu qui depuis fut appelé la Roche-de-Saint-André. Cette maison a pris une place importante dans le Bas-Poitou ; elle a fourni des chevaliers de Saint-Jean-de-Jérusalem, nombre d'officiers distingués des armées de terre et de mer ; un major général de la marine royale sous la Restauration ; un maréchal de camp, député de la Vendée en 1826, etc.

(1) De Rolland porte : *d'azur au lion d'or, armé, lampassé et floqué de gueules, couronné d'hermines, à la bordure d'or.* — La famille de Rolland serait originaire de Normandie. Elle vint se fixer en Guyenne vers le xv⁰ siècle, où elle fournit à la magistrature des avocats distingués, des conseillers et un président du Parlement de Bordeaux, et donna aussi à l'armée des officiers de mérite, etc. Plusieurs de ses membres ont pris part aux assemblées de la noblesse de Bordeaux et de Nérac, en 1789. Elle s'est divisée en plusieurs branches, et entre autres celle du Pont, qui est celle de Mᵐᵉ de Tinguy, et celle de Lastous.

BRANCHE DE LA SAUVAGÈRE ET DE LA GIROULIÈRE

Jean-Abraham Tinguy, chev., sgr de la Sauvagère.
Perrine Bruneau de la Giroulière.

Charles-Henri.

René-Abraham.

René-Henri, chev., sgr de la Sauvagère. Thérèse-Ursule du Plessis de Grénédan.

Henriette, dlle de la Sauvagère. Charles-Antoine Durcot de Puitesson.

Louis-Charles, chev. de Tinguy. Renée-Sophie de Barberé.

Perrine-Esprit, religieuse.

César-Gabriel, chev., sgr de la Giroulière et de la Giroulière. Henriette de Goué. 2° Branche de la Giroulière.

Marie-Julie-Renée, religieuse.

Marie-Madeleine.

Joseph-François, chev., sgr de Beaulieu. Marie-Pélagie de Boisy-Gouffier.

Jeanne-Henriette.

Onésippe-René-Michel de Tinguy. Marie-Henriette-Clémentine Acquet de Férolles.

Alphonse-Charles-Onésippe. Marie Dodun de Kéroman.

Zénobie-Marie-Sophie. Félix-Marie de la Grandière.

Henri-Charles-Onésippe. Gabrielle de Rolland.

Joséphine. Luc-Jacques-Fidèle de Guinebauld de la Grostière.

Marie-Isabelle-Clémentine. Gabriel-Marie de la Roche-Saint-André.

Marie-Félicie-Anne-Yvonne.

Marie-Louise-Sabine.

De ce mariage, deux filles :

1° Marie-Félicie-Anne-Yvonne, née à Rocheservière, le 6 août 1880.

2° Marie-Louise-Sabine, née à Rocheservière le 9 mai 1884.

PREMIER RAMEAU DE LA BRANCHE DE LA GIROULIÈRE.

XI

CÉSAR-GABRIEL DE TINGUY, chevalier, sgr de la Clavelière et de la Giroulière, fils deuxième puîné de Jean-Abraham Tinguy, chevalier, sgr de la Sauvagère, et de dame Perrine Bruneau de la Giroulière, naquit à la Chevalleraye, paroisse de Saint-André-Goule-d'Oie, le 13 juillet 1754 (1).

En 1773, il prit du service en qualité de sous-lieutenant dans la compagnie de Raulin, au régiment de Bourgogne-Infanterie (2). Le 27 août 1780, il était lieutenant en premier dans la compagnie de Corgnol, au même régiment (3). Il démissionna quelque temps après et vint habiter la Giroulière. Il fit la guerre de Vendée dans la grande armée catholique et royale (4).

Le 19 mai 1795, il épousa religieusement, dans une chambre du château de la Chabotterie, demoiselle *Henriette* DE GOUÉ (5), fille de Joseph-Charles-Marie de Goüé, chevalier, sgr du Marchais, et de dame Gabrielle-Anne de la Fontenelle, dame de la Chabotterie, suivant acte dressé par l'abbé Amiaud, desservant de Mormaison (6). Ce mariage fut régularisé au civil sept ans plus tard, à la mairie de la Rabastelière, le 21 pluviôse an XI (7).

De nombreuses infirmités, et surtout une grande surdité, ne lui permirent pas de reprendre du service actif dans les armées vendéennes ; mais il sut souvent se rendre utile à ses anciens frères d'armes, et à la cause du

---

(1) Registres paroissiaux, aux archives de la fabrique de Saint-André-Goule-d'Oie.
(2 et 3) Brevets aux archives de la Viollière.
(4) Lettre autographe où M. de Tinguy fait valoir ses services afin d'obtenir du Roi une pension franche pour l'éducation d'une de ses filles, aux archives de la Viollière.
(5) De Goüé : voir page 81, annotation (Nhe).
(6) Registres paroissiaux, aux archives communales de Saint-Sulpice-le-Verdon.
(7) Etat civil de la Rabastelière.

Roi. Aussi fut-il en butte aux tracasseries et aux persécutions des répu·
blicains. Et notamment, le 13 thermidor an VII, le général Travot se
plaignit de l'attaque par les Vendéens d'un détachement de son armée en
station à la Bruffière ; dans l'engagement, les républicains avaient perdu
cinq hommes et treize fusils de munition. L'administration centrale du
département, présidée par le citoyen Pervinquière, ne sachant à qui s'en

prendre, rendit responsables de ce coup de main Tinguy et Gouée, sa
femme (*sic*), et les condamna à se rendre à Fontenay-le-Peuple, pour y
être établis dans le local ci-devant appelé Notre-Dame, sous la surveillance
des administrations centrale et municipale, et du commissaire du Direc-
toire, comme otages, en application de la loi du 24 messidor sur la
répression du brigandage et des assassinats à l'intérieur. Notification de
cet arrêt fut faite à Gabriel de Tinguy, à la Giroulière, le 23 thermidor
an VII (1). Il se garda bien de se livrer, et il put échapper aux recherches,
ainsi que Madame de Tinguy, en se déguisant et se confondant avec les
fidèles paysans des environs.

A près la pacification, Gabriel de Tinguy revint habiter la Giroulière.
Cette terre noble, située dans la paroisse de la Rabastelière, lui était
venue de sa mère, dame Perrine Bruneau. Depuis la fin du xve siècle, elle
appartenait à la branche cadette des Bruneau, dont les aînés possédaient
l'importannte seigneurie de la Rabastelière, érigée en baronnie, puis en
vicomté : la Giroulière en avait été vraisemblablement détachée.

Gabriel de Tinguy était aussi qualifié sgr de la Clavelière, ayant eu en par-

(1) Copie de l'arrêté de l'administration centrale du département, notifié à M. et
Mme de Tinguy par la gendarmerie : aux archives de la Viollière.

tage une rente noble sur cette terre qui appartenait à sa cousine germaine Henriette de Tinguy, demoiselle du Pouët. Il amortit cette rente au profit des héritiers de cette dernière. Par suite du mariage de Théophile de Tinguy de la Giroulière avec demoiselle Benjamine de Tinguy du Pouët, la Clavelière a fait actuellement retour à la branche de la Giroulière.

La Clavelière était entrée dans la maison de Tinguy par suite de l'alliance de Florimond Tinguy, chevalier, sgr de Girondin et Vanzay, avec demoiselle Elisabeth Boucquet, fille de Gabriel Boucquet et de dame Jacqueline Roulleau, sgr et dame de la Clavelière. Gabriel Boucquet rendit hommage de cette terre noble au seigneur de Saint-Fulgent, le 2 novembre 1650 (1). Après lui, suivant contrat expédié le 11 janvier 1662, par-devant le sénéchal de Saint-Fulgent, le premier lot de sa succession, qui comprenait la Clavelière, échut par le sort au puîné de ses enfants, Gabriel-Théophile Boucquet, écuyer, sgr du Boisbertrand (2). A la mort de ce dernier, il se trouva que la Clavelière fut saisie sur dame Marie Thomas, sa veuve, et sur leurs enfants Gabriel et Symphorien Boucquet. A la criée, elle fut adjugée à Pierre de Chevigné, écuyer, sgr de la Limonnière, et à dame Philothée Reignier, son épouse, ainsi qu'il appert d'une sentence d'ordre de distribution des deniers provenant de ladite vente, en date du 1er juillet 1692 (3). La Clavelière fut cédée, depuis sans doute, à Elisabeth Boucquet, veuve de Florimond Tinguy et femme en secondes noces d'Antoine-Abraham de Ranques, chevalier, sgr des Chartres. Ils firent hommage, en effet, le 26 avril 1694, au sgr de Saint-Fulgent, de la maison noble et seigneurie de la Clavelière et ses dépendances (4). Le même Antoine de Ranques, tant en son propre nom qu'en celui de ses enfants mineurs et de feu dame Elisabeth Boucquet, rendit à Saint-Fulgent un nouvel hommage de la Clavelière, le 5 février 1714 (5). Leurs enfants étaient : 1o Abraham-Antoine de Ranques, chevalier, sgr des Chartres ; 2o Charles-Auguste de Ranques chevalier, sgr de la Clavelière ; et 3o Angélique de Ranques, qui épousa Paul-Philippe de Cugnac, chevalier, sgr du Bourdet. Charles-Auguste de Ranques mourut sans postérité à la Clavelière, et son corps fut inhumé dans le cimetière de Saint-Fulgent, le 29 juin 1737, dont acte aux registres de cette paroisse (6). Après lui, la Clavelière

---

(1) Acte sur parchemin, aux archives de la Clavelière.
(2) Pièce mentionnée dans la sentence d'ordre de distribution ci-après
(3) Expédition signée : Sorin, greffier ; aux archives de la Viollière.
(4) Grosse en papier, aux archives de la Viollière.
(5) Ibid.
(6) Archives communales de Saint-Fulgent.

échut à son neveu Charles-Auguste Tinguy, chevalier, sᵍʳ de Vanzay, à la charge de servir une rente noble à son frère cadet Jean-Abraham Tinguy, chevalier, sᵍʳ de la Sauvagère. Mademoiselle du Pouët, fille de Monsieur de Vanzay, hérita de la Clavelière et servit à Gabriel de Tinguy la rente dont elle était grevée.

En 1814, Gabriel de Tinguy reçut du Roi la décoration du lys, et l'année suivante, il obtint pour son plus jeune fils une pension franche à l'école royale et militaire de la Flèche.

Retiré à la Giroulière, il administra pendant longtemps, en qualité de maire, la petite commune de la Rabastelière. Il s'éteignit le 30 janvier 1824, à l'âge de 70 ans ; et sur son lit de mort, à la façon des anciens patriarches, il bénit sa nombreuse famille, et tout particulièrement le plus jeune de ses enfants, Victor-Gabriel, alors à l'école de la Flèche. Sa veuve lui survécut jusqu'au 5 février 1845.

Il avait eu sept enfants :

1º Marie-Constance-Lydie, née à la Giroulière, le 21 thermidor an IV (9 août 1796), et tenue sur les fonts baptismaux de la Rabastelière par le jeune vicomte Constant de Chabot, du Parc-Soubise. Le 2 novembre 1838, elle épousa, à la Rabastelière, Monsieur Alphonse-Thècle

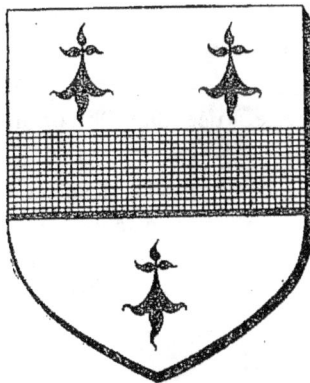

Mercier de la Villehervé (1), fils de Monsieur Alexandre-Victor Mercier de la Villehervé et de dame Charlotte-Joséphine Chaboceau.

2º Henri-Gabriel-Onésippe, né à la Giroulière, le 25 fructidor an V (11 septembre 1797). Il épousa à Aizenay demoiselle Alexandrine-

---

(1) Mercier de la Villehervé : voir page 72, annotation (1).

Aimée de Barbarin du Grand-Plessis, fille aînée de Monsieur Constant-Aimé, chevalier de Barbarin du Grand-Plessis (1), et de dame Madeleine-

Victoire de Borgnet de la Vieille-Garnache, suivant contrat du 24 novembre 1833, en l'étude de maître Gobin, notaire à Aizenay. Devenu veuf au bout de dix mois, il quitta la Giroulière et vint habiter la Vezinière, dans la commune de Beaufou. Là, il vécut dans la pratique silencieuse des bonnes œuvres et d'une haute piété. Il est mort le 19 juin 1867, d'un accident de voiture, au village du Puybacon, dans la commune des Brouzils, et son inhumation a eu lieu le surlendemain dans le cimetière de la Rabastelière.

3° Marie-Adélaïde-Antoinette, née dans la commune de Chavagnes-en-Paillers, le 27 nivôse an IX (17 janvier 1801). Elle est décédée sans alliance, aux Granits, dans la commune de Beaufou.

4° Victorine-Louise-Henriette, née à la Giroulière, le 30 messidor an X (20 juillet 1802). Par legs, elle hérita de demoiselle Louise de la Forest-Groizardière, sa marraine, qui lui laissa la propriété de la

---

(1) Barbarin du Grand-Plessis porte : *d'azur à trois barbarins d'argent posés en fasce, ceux en chef et en pointe nageant à dextre, celui du milieu contre-nageant.* — Cette famille, d'après une tradition, serait originaire de Venise. Elle aurait pour auteur Pierre Barberini, venu en France en 1440. Elle a formé plusieurs branches. Mathieu Barbarin, écuyer, sᵍʳ de la Resnière, qui avait épousé Catherine de Sainte-Marthe, était conseiller au présidial de Poitiers, et devint maire de cette ville en 1608 : il est la tige de la branche établie en Bas-Poitou par suite du mariage de Louis-François Barbarin, écuyer, sᵍʳ de Train, avec demoiselle Marie-Madeleine de Montsorbier, qui lui apporta la terre et seigneurie du Grand-Plessis en la paroisse d'Aizenay. Cette branche s'est subdivisée en deux rameaux qui n'existent plus, celui des Cousteaux, et celui du Grand-Plessis,

Vézinière, dans la commune de Beaufou. Elle est décédée sans alliance à la Roche-sur-Yon, le 17 mars 1880.

5° Marie-Cécile-Pauline, née à la Giroulière, le 30 juin 1803, religieuse Ursuline de Jésus à Chavagnes-en-Paillers, le 29 juin 1830, sous le nom de Sœur Sainte-Octavie. Elle est décédée au couvent de Chavagnes-en-Paillers, le 19 juillet 1883.

6° Hortense-Charlotte-Henriette, née à la Giroulière le 19 janvier 1805. Elle épousa à la Rabastelière, le ... juillet 1836, Monsieur Alexandre-Henri

Querqui de la Pouzaire (1), fils de Monsieur Auguste-Aimé Querqui de la Pouzaire et de dame Henriette Marchegay. A cette époque, elle vint habiter la Viollière, dans la commune de la Copechagnière. Elle tenait cette propriété de sa mère, qui elle-même en avait hérité de sa sœur, demoiselle Louise de Goüé, à laquelle elle était échue par succession de sa mère, dame Gabrielle-Anne de la Fontenelle, fille de Charles-Alexandre de la Fontenelle, chevalier, sgr de la Viollière et de la Chabotterie. La Viollière était dans la maison de la Fontenelle depuis la fin du xve siècle, et elle y était entrée par le mariage de Jehan de la Fontenelle, écuyer, sgr de la Fontenelle, avec demoiselle Marie Hugon (aliàs Hugo), dame de la Viollière, qui en fit hommage à la baronnie de Montaigu les 14 septembre 1440 et 11 juin 1475. Avant elle, son père, Perrot Hugon, en avait

---

(1) Querqui porte : *d'argent à trois coqs de gueules, la patte levée, et posés 2 et 1.* — Famille d'échevinage de la Rochelle. Alexandre Querqui, écuyer, sgr de Challais, reçut des lettres de noblesse en 1696. Elle s'est divisée en deux branches : l'une est restée protestante ; l'autre, celle de la Pouzaire, est revenue au catholicisme. Cette dernière a fourni de nos jours un conseiller général du département de la Vendée, et un zouave pontifical.

aussi fait hommage les 14 octobre 1413 et 31 juillet 1436, et son aïeul Jehan Hugon, le 7 septembre 1408. Madame de la Pouzaire est décedée sans postérité, à la Viollière, le 6 janvier 1887. Par testament olographe elle avait légué la Viollière aux enfants de son neveu, Jules de Tinguy de la Giroulière ; et dans le partage judiciaire qui eut lieu entre ceux-ci, la Viollière fut attribuée à demoiselle Anne de Tinguy de la Giroulière, mariée depuis à Monsieur Henri Merland de Chaillé, et qui en a fait cession à son oncle Théophile de Tinguy de la Giroulière, propriétaire actuel de ce vieux domaine de famille.

7° Victor-Gabriel, dont l'article suit.

XII

VICTOR-GABRIEL DE TINGUY DE LA GIROULIÈRE naquit à la Giroulière le 25 août 1806.

En 1816, il fut gratifié par le Roi d'une pension franche à l'école royale et militaire de la Flèche, où il fit son éducation. Contraint de renoncer à la carrière militaire, en raison de sa constitution trop délicate, il rentra à la Giroulière et obtint, le 26 avril 1830, un emploi de percepteur des contributions directes à Rocheservière. Il n'en profita pas longtemps ; au mois de juillet suivant, il donna sa démission pour ne pas servir le gouvernement usurpateur.

Cinq ans plus tard, il épousa à Aizenay demoiselle *Victoire-Adèle-*

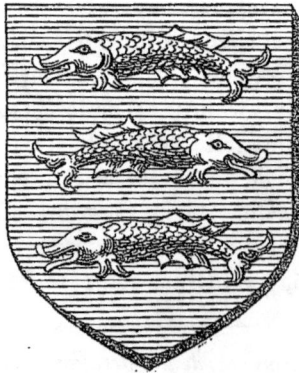

Pierre DE BARBARIN DU GRAND-PLESSIS (1), seconde fille de Monsieur

(1) Barbarin du Grand-Plessis : voir page 101, annotation (1).

Constant-Aimé, chevalier de Barbarin du Grand-Plessis, et de dame Victoire-Madeleine de Borgnet de la Vieille-Garnache, suivant contrat du 19 janvier 1835, en l'étude de maître Gobin, notaire à Aizenay, et vint habiter la Giraudinière.

Cette propriété située dans la commune d'Aizenay appartenait à Madame de Tinguy, qui la tenait de sa mère. Dans la première partie du xviie siècle, Victor Thomasset, écuyer, était s^{gr} de l'Eslinière et de la Giraudinière, deux terres qui sont contiguës. Après lui, Jacques Thomasset, son fils aîné, prenait la qualification de s^{gr} de la Giraudinière, ainsi qu'il appert de l'acte de partage intervenu entre lui et ses frères et sœurs, en date du 8 mars 1656, reçu par Guillotin et Richard, notaires de la baronnie d'Apremont (1). Le fils de celui-ci, aussi Jacques Thomasset, chevalier, s^{gr} de la Boissonnière, lui succéda comme s^{gr} de la Giraudinière. Brigadier des Gardes du roi, puis capitaine lieutenant de la mestrise de camp du régiment du marquis de Goudin, ainsi qu'il est qualifié dans son contrat de mariage du 4 janvier 1689 (2), il fut retenu longtemps au service, loin de la Giraudinière, qui demeura inhabitée. La gentilhommière fut par lui abandonnée à ce point qu'elle tombait en ruines, et que Jacques Jousson, s^r du Plessis, sénéchal de la baronnie d'Apremont, commit un notaire pour dresser l'acte de visite qu'il crut devoir ordonner de faire en présence des héritiers naturels du s^{gr} de la Giraudinière, afin d'obvier à la perte totale des lieux, lequel acte, en date du 12 août 1690, reçu par Regnault, notaire de la baronnie d'Apremont (3). Jacques Thomasset vendit sans doute plus tard la Giraudinière : toujours est-il que vers cette époque elle passa aux mains de la famille Jousson ; et messire Pierre Jousson, prieur commandataire de la Chapelle-Hermier, acheta de demoiselle Taillefer de Montauziers les rentes qui constituaient les redevances seigneuriales de diverses parcelles de terrain, dépendantes de la châtellenie des Chasteigners et de la châtellenie du Moiron, lesquelles parcelles se trouvaient enclavées dans le domaine de la Giraudinière, ainsi qu'on le voit par un acte du 12 mai 1704, reçu par Marchand et Dugué, notaires de la baronnie d'Apremont (4). Le même s^r Jousson transigeait avec le s^{gr} de la Boissonnière lui-même, par acte sous seing privé en date du 6 avril 1717, lequel est mentionné dans l'inventaire des papiers de ce der-

(1) Grosse en papier, aux archives de la Viollière.
(2) Grosse en parchemin, aux archives de la Viollière.
(3) Grosse en papier, aux archives de la Viollière.
(4) Copie rapportée en tête d'une pièce de procédure, aux archives de la Viollière.

nier, qui fut fait au bourg de Maché après son décès, au mois de novembre 1726 (1). L'héritage du prieur de la Chapelle-Hermier fut partagé entre ses neveux, et demoiselle Gabrielle Jousson se trouva, de la sorte, dame de la Giraudinière. Elle se maria cinq fois : la première fois avec Louis Robineau, chevalier, sgr de la Rochequairie, ainsi qu'il est dit dans un acte d'accord passé entre elle et son second mari, Abraham Buor de la Lande, chevalier, sgr de la Durandrie, qui avait été veuf lui-même de demoiselle Charlotte Baudouin du Pairé, lequel acte reçu par Gaultreau et Bourieau, notaires royaux, en date de la Durandrie, 10 novembre 1717 (2). Son troisième mari fut Jacques-Julien Fouscher, chevalier, sgr de la Pénardière, comme l'apprend l'acte de son quatrième mariage avec Louis Buor, écuyer, sgr de Laumondière, en date du 16 octobre 1730, aux registres paroissiaux d'Aizenay (3). Elle se maria une cinquième fois avec Gabriel-Alexandre Gourdeau, écuyer, sgr de la Réveillère, suivant contrat du 25 septembre 1736 (4). La tradition ajoute que, devenue veuve encore, elle songeait à se consoler de nouveau, et recevait favorablement les hommages de M. N... de Jousbert, chevalier, sgr de Romanguy, lorsqu'elle fut atteinte de la maladie dont elle mourut.

La Giraudinière échut à sa fille de son second lit, demoiselle Madeleine Hyacinthe-Elie Buor de la Lande-Durandrie, qui la porta par son mariage à Antoine de Borgnet, chevalier, sgr de la Vieille-Garnache. Leur fils, Victor-Gabriel de Borgnet, chevalier, sgr de la Vieille-Garnache et de la Giraudinière, fut le père de Madame de Barbarin. Cette propriété appartient aujourd'hui à demoiselle Bernadette de Tinguy de la Giroulière, mariée à Monsieur Louis de la Tribouille.

En 1879, Victor de Tinguy, qui était venu habiter le bourg d'Aizenay, fut contraint par ses concitoyens, et malgré son grand âge, d'assumer, dans un moment difficile, la mairie de cette importante commune. Quelques mois plus tard, le 24 mai 1880, il était emporté par une affreuse maladie contagieuse, à laquelle succombèrent également sa veuve le 8 juin suivant, et son fils aîné, le 25 du même mois.

Il avait eu cinq enfants :

1° Adèle-Marie-Henriette, née à la Giraudinière le 8 mars 1836, mariée à Aizenay, le 11 octobre 1864, à Monsieur Henry Jacobsen (5), fils de

(1) Expédition de cet inventaire, aux archives de la Viollière.
(2) Expédition en papier, aux archives de la Viollière.
(3) Archives communales d'Aizenay.
(4) Grosse en papier, aux archives de la Viollière.
(5) Jacobsen : voir page 73, annotation (1).

Monsieur Auguste Jacobsen et de dame Antonie-Anne-Cornélie Vallée contrat de la veille, en l'étude de maître Trichet, notaire à Aizenay.

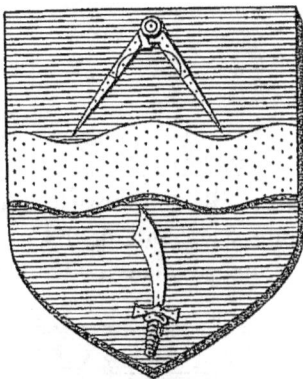

2° Jules-Marie-Victor, dont l'article suivra.

3° Théophile-Marie-Alphonse, dont l'article aussi viendra.

4° Maria-Pauline-Eugénie, née à la Giraudinière, le 14 janvier 1844, religieuse Carmélite à Luçon le... avril 1870, sous le nom de Sœur Marie-des-Anges.

5° Elisa-Marie-Antoinette, née à la Giraudinière, le 5 mars 1847, mariée à Aizenay, le 7 février 1872, à Monsieur Emile-Marie-Joseph

Mercier de Lépinay (1), fils de Monsieur Stanislas Mercier de Lépinay et

(1) Mercier de Lépinay porte : *d'argent au navire de sable voguant à pleines voiles sur une mer d'azur, au chef d'azur chargé de trois étoiles d'argent.* — La famille

de dame Emilie-Zoé-Louise-Joséphine de Goüé de la Chabotterie: contrat de la veille, en l'étude de maître Trichet, notaire à Aizenay.

XIII

JULES-MARIE-VICTOR DE TINGUY DE LA GIROULIÈRE naquit à la Giraudinière, le 14 mars 1838. Il épousa demoiselle *Léontine-Aimée-Bénigne* DE TINGUY DU POUET, fille de Monsieur Léon-Auguste de Tinguy du Pouët et de dame Aimée-Stéphanie de Béjarry, suivant contrat du 13 avril 1863, en l'étude de maître Chauvin, notaire à Saint-Fulgent.

Le 14 novembre 1878, Monsieur le Comte de Chambord appela Jules de Tinguy à remplir les fonctions de secrétaire de son Comité départemental dans la Vendée, charge qu'il exerça jusqu'à son décès, arrivé le 25 juin 1880, à la Roche-sur-Yon. Une lettre adressée de la part du Roi à Monsieur le Comte de Béjarry, président du Comité royaliste de la Vendée, fait connaître combien les services de Jules de Tinguy étaient appréciés à Froshdorf.

Mercier de Lépinay est originaire de la ville d'Aubusson, où Pierre Mercier, son auteur, était, à la fin du XVII⁰ siècle, un riche marchand de tapisseries. Marié à demoiselle Suzanne de Monteil de Raudonnat, il en eut un fils, Jacques Mercier, qui fut pourvu, en 1732, de la charge de chef d'échansonnerie du Roi ; puis il devint, en 1736, conseiller du Roi, receveur des tailles en l'élection des Sables-d'Olonne. L'aîné de ses enfants, Jean-Jacques Mercier de Lépinay, capitaine au régiment de la Faire, eut sous ses ordres, en qualité de lieutenant, le jeune Napoléon Bonaparte ; lieutenant-colonel en 1791, il fut destitué le 12 frimaire an II. Ses deux fils prirent une part honorable aux guerres de la Vendée.

« Marienbad, 2 août 1880.

« Monsieur,

« Vous avez fait part à Monsieur le Comte de Chambord de la mort
« de M. Jules de Tinguy, en constatant les hommages unanimes et si
« bien mérités rendus à la mémoire de cet homme de bien par tous ceux
« qui l'ont connu. Vous déploriez en même temps le vide immense fait
« par ce triste événement au sein du Comité royaliste de la Vendée, dont
« M. de Tinguy était le secrétaire et l'un des membres les plus actifs.

« Monseigneur me donne l'ordre, Monsieur, de vous faire savoir qu'il
« ressent très vivement la perte de ce serviteur dévoué, dont il appréciait
« chaque jour davantage la remarquable intelligence, le jugement droit,
« les énergiques convictions, le zèle infatigable et la fidélité à toute
« épreuve.

« Quant aux membres du Comité royaliste, ils ne se contenteront point
« de saluer, comme il le mérite, le vaillant soldat tombé sur la brèche.

« L'exemple de ce compagnon d'armes leur sera sans cesse présent à
« l'esprit, et, au besoin, leur servira de stimulant, s'ils sentaient jamais
« leur courage défaillir. Ils comprendront qu'un redoublement de zèle
« dans le service du Roi est le meilleur et le plus digne hommage que
« puissent rendre de vrais royalistes à la mémoire de M. Jules de Tinguy.

« Comte MAURICE D'ANDIGNÉ. »

Jules de Tinguy mourait victime de son dévouement filial : il avait
donné ses soins successivement à son père et à sa mère, lesquels succombèrent, à quinze jours d'intervalle, aux atteintes d'une maladie contagieuse,
qui l'emporta lui-même deux semaines plus tard.

Sa veuve ne lui survécut que jusqu'au 3 décembre 1882.

Ils avaient eu neuf enfants :

1º Marie-Antoinette-Léontine, née à Saint-Christophe-de-Ligneron,
le 3 janvier 1864, et décédée au même lieu le 13 avril de l'année suivante.

2º Gabrielle-Marie, née à Saint-Christophe-du-Ligneron, le 2 mai
1865, et décédée au même lieu le 22 novembre suivant.

3º Marie, née à Apremont, le 7 septembre 1866, et mariée à la Roche-
sur-Yon, le 8 août 1888, à Monsieur Georges-Marie vicomte de Carheil (1),

---

(1) De Carheil porte : *d'argent à deux corneilles essorées et affrontées de sable, mem-
brées d'or ; une molette d'éperon du second en pointe.* — La famille de Carheil est
bretonne et très ancienne. Elle a été confirmée dans sa noblesse en 1427, 1445 et

fils de Monsieur Jenny, vicomte de Carheil, et de dame Antonie de la Forest.

4° Anne-Marie-Thérèse, née à Apremont, le 4 mars 1868, et mariée à la Roche-sur-Yon, le même jour que sa sœur, à Monsieur Henri Merland

de Chaillé (1), fils de Monsieur Henri Merland de Chaillé, et de dame Clotilde Denfer de l'Aubonnière.

1668, comme noble de race et d'extraction. Elle a fourni plusieurs officiers distingués aux armées, un conseiller et un avocat général au Parlement de Bretagne, un page du roi Louis XVI, etc. Elle est aujourd'hui divisée en plusieurs branches : celle d'Hardouin, celle de Launay, subdivisée elle-même en deux rameaux, et celle de la Guichardaie.

(1) Merland de Chaillé porte : *d'azur à un merlan d'argent posé en fasce, surmonté d'une croisette de même entre deux étoiles d'or, et soutenu d'une fasce ondée du second.* — La famille Merland est originaire de la baronnie des Essarts, où elle a occupé pen-

5° Joseph-Marie-Alexis, né à Apremont le 6 juillet 1869, et décédé au même lieu, le 15 mai 1872.

6° Bernadette-Marie-Gertrude, née à Apremont le 2 juillet 1873, et mariée à la Copechagnière, le 7 mai 1895, à Monsieur Louis-Alexis-Charles-Marie de la Tribouille (1), fils de Monsieur Henri-Désiré de la Tribouille, et de dame Marie-Pauline Féval.

7° Joseph-Marie-Léon, né à la Roche-sur-Yon, le 17 mai 1875, jumeau avec le suivant,

8° Léon-Marie-Joseph, décédé le lendemain de sa naissance.

9° Marguerite-Marie-Madeleine, née à la Roche-sur-Yon, le 22 juillet 1876, et décédée au même lieu, le 23 novembre de la même année.

---

dant longtemps les principales charges. Elle s'est partagée en plusieurs branches, entre autres celles de Chaillé et de la Guichardière ou de la Maufreyère. Au milieu du xviiie siècle, Jean-Baptiste-Mathurin Merland était sgr châtelain de Chaillé, Chaille-zay et Velluire : de sa femme, dame Marie-Anne Arrivé, il a eu Henri-Gabriel Mer land de Chaillé, marié à Luçon, le 18 juillet 1786, à demoiselle Françoise Gaborit de Marbœuf ; de ce mariage, Marie-Henri-Aimé Merland de Chaillé, époux de demoi-selle Marie-Félicité Chandoré ; leur fils Henri Merland de Chaillé est le père du mari de demoiselle Anne de Tinguy.

(1) De la Tribouille porte : *d'azur à trois rocs d'échiquier d'argent, posés 2 et 1* (aliàs *à trois roquets d'argent*). — Famille très ancienne, originaire de l'Anjou. Autre-fois elle avait pour nom patronymique celui de Roc ou Roquet. En 1102, on voit Jehan Roquet signataire avec les principaux seigneurs angevins d'un acte concernant l'évêque d'Angers. Plus tard, il y eut division de branches : l'une demeura au pays de Mauges, et l'autre passa en Poitou, et vint s'établir en la paroisse de Bouaine, sur la ligne séparative de cette province et de la Bretagne, dans une terre noble appelée la Tribouille, dont elle prit le nom, qui peu à peu se substitua au nom patronymi que de Roquet. De là elle prit ses alliances tantôt avec des familles bretonnes, et tantôt avec des familles poitevines.

DEUXIÈME RAMEAU DE LA BRANCHE DE LA GIROULIÈRE.

XIII

THÉOPHILE-MARIE-ALPHONSE DE TINGUY DE LA GIROULIÈRE, fils puîné de Victor-Gabriel de Tinguy de la Giroulière, et de dame Victoire-Adèle-Pierre de Barbarin du Grand-Plessis, né à la Giraudinière le 18 avril 1841, baptisé le même jour à Maché, zouave pontifical le 8 février 1861, a épousé, à Saint-Fulgent, le 25 janvier 1870, demoiselle *Alix-Gabrielle-Benjamine* DE TINGUY DU POUËT, fille de Louis-Henri-Ben-

jamin de Tinguy du Pouët et de dame Caroline-Bénigne de Buor de la Voy : contrat en date de la veille, en l'étude de maître Chauvin, notaire à Saint-Fulgent.

Après le décès de son frère aîné, il fut appelé, au mois de juillet 1880, par Monsieur le Comte de Chambord, à continuer le secrétariat du Comité royaliste de la Vendée. La même année, il fut élu par le canton de Saint-Fulgent conseiller général, en remplacement de Monsieur de la Pouzaire, décédé ; réélu en 1883, il siégea à l'assemblée départementale jusqu'en 1889. Il ne se soumit pas une troisième fois à l'élection, et eut pour successeur son parent et ami, le Comte de Suzannet de la Chardière, petit-fils du célèbre général vendéen de Suzannet.

De son mariage :

1º Benjamin-Marie-Joseph, né à la Clavelière, le 4 décembre 1870.

2º Félicie-Marie-Gabrielle, née à la Clavelière, le 29 octobre 1871.

3º Louis-Marie-Michel, né à la Clavelière, le 30 septembre 1872.

4º René-Marie-Olivier, né à la Clavelière, le 3 novembre 1873.

5º Elisabeth-Marie-Thérèse, née à la Clavelière, le 11 décembre 1874, décédée à la Viollière, le 14 mars 1890.

6º Benjamine-Marie-Henriette, née à la Clavelière, le 23 novembre 1875.

7º Théophile-Marie-Alexis, né à la Clavelière, le 10 mars 1877.

8º Charles-Marie-Gabriel, né à la Clavelière, le 18 novembre 1878.

9º Pierre-Marie-Armand-Léon, né à la Clavelière, le 20 mai 1880.

10º Paul-Marie-Maurice, né à la Roche-sur-Yon, le 25 juin 1881, décédé en la même ville, le 6 décembre 1882.

11º Pauline-Marie-Octavie, née à la Roche-sur-Yon, le 6 février 1883.

12º Paul-Marie-René-Anne, né à la Roche-sur-Yon, le 2 avril 1886.

13º Jean-François-Marie, né à la Roche-sur-Yon, le 6 février 1888.

RAMEAUX DE LA BRANCHE DE LA GIROULIÈRE

César-Gabriel, chev., sgr de la Clavelière et de la Giroulière.
Henriette de Goüé.

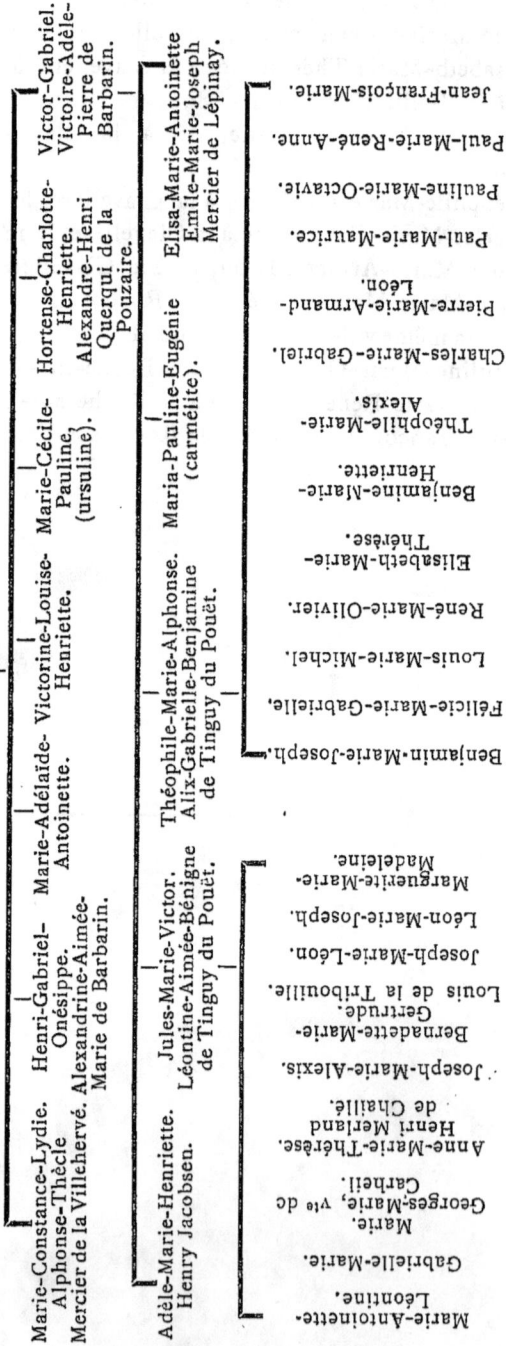

Marie-Constance-Lydie.
Alphonse-Thècle
Mercier de la Villehervé.

Henri-Gabriel-
Onésippe.
Alexandrine-Aimée-
Marie de Barbarin.

Marie-Adélaïde-
Antoinette.

Victorine-Louise-
Henriette.

Marie-Cécile-
Pauline,
(ursuline).

Hortense-Charlotte-
Henriette.
Alexandre-Henri
Querqui de la
Pouzaire.

Victor-Gabriel.
Victoire-Adèle-
Pierre de
Barbarin.

Adèle-Marie-Henriette.
Henry Jacobsen.

Jules-Marie-Victor.
Léontine-Aimée-Bénigne
de Tinguy du Pouët.

Théophile-Marie-Alphonse.
Alix-Gabrielle-Benjamine
de Tinguy du Pouët.

Maria-Pauline-Eugénie
(carmélite).

Elisa-Marie-Antoinette
Emile-Marie-Joseph
Mercier de Lépinay.

Marie-Antoinette-
Léontine.

Gabrielle-Marie.

Marie.
Georges-Marie, vte de
Carbeil.

Anne-Marie-Thérèse.
Henri Merland
de Chaillé.

Joseph-Marie-Alexis.

Bernadette-Marie-
Gertrude.
Louis de la Tribouille.

Joseph-Marie-Léon.

Léon-Marie-Joseph.

Marguerite-Marie-
Madeleine.

Benjamin-Marie-Joseph.

Félicie-Marie-Gabrielle.

Louis-Marie-Michel.

René-Marie-Olivier.

Elisabeth-Marie-
Thérèse.

Benjamine-Marie-
Henriette.

Théophile-Marie-
Alexis.

Charles-Marie-Gabriel.

Pierre-Marie-Armand-
Léon.

Paul-Marie-Maurice.

Pauline-Marie-Octavie.

Paul-Marie-René-Anne.

Jean-François-Marie.

BRANCHE DE SOULETTE ET DE LA NAULIÈRE

VIII

BENJAMIN Tinguy, chevalier, sgr de Chaillé, fils dernier puîné de haut et puissant Benjamin Tinguy, chevalier, sgr de la Garde, Vanzay, Nesmy, etc., et de dame Anne Bertrand, épousa demoiselle *Anne* DE GOULAINES (1), fille de René de Goulaines, écuyer, sgr de la Ville-du-Bois,

et de dame Jeanne Minaud, dame des Mesliers, suivant contrat du

---

(1) De Goulaines porte : *mi-parti d'Angleterre et de France*, c'est-à-dire *parti au 1er de gueules à trois léopards d'or l'un sur l'autre ; au 2e d'azur à trois fleurs de lys d'or*. — La maison de Goulaines est une des plus anciennes et des plus illustres de Bretagne. Marcis de Goulaines faisait en 1130 une donation à l'abbaye de Vertou ; dans cet acte est aussi dénommé Geoffroy de Goulaines. Jehan de Goulaines en 1158 fut établi gouverneur de la ville de Nantes au nom du duc Geoffroy et de la duchesse Constance. Son fils, Mathieu de Goulaines, fut employé par le pape Urbain III pour négocier la paix entre Philippe-Auguste, roi de France, et Henri II, roi d'Angleterre : il reçut des deux souverains le privilège de porter les armes d'Angleterre et de France, avec la devise : « *A cetuy-ci, à cetuy-là, j'accorde les couronnes.* » La seigneurie de Goulaines fut érigée en marquisat par lettres du Roi en date du mois d'octobre 1621, registrées au Parlement le 19 juillet 1622. Cette famille a formé plusieurs branches, dont une est encore existante, celle de Laudouinière, qui a relevé le titre de marquis.

28 août 1658, reçu par Rousseau et Noeau, notaires de la châtellenie de Rocheservière (1).

Il transigea avec ses frères Abraham Tinguy, chevalier, sᵍʳ de Nesmy, et Florimond Tinguy, chevalier, sᵍʳ de Girondin et Vanzay, au sujet des successions de leurs père et mère, suivant acte déjà cité, passé au chastel de Nesmy, le 5 novembre 1665, par-devant Bertrand et Greffard, notaires de la baronnie de Brandois (2).

Le 21 novembre 1677, il signa l'acte de mariage de Pierre de la Mothe, écuyer, sᵍʳ de Nortville, avec demoiselle Antoinette de Remberge, aux registres protestants de Vieillevigne (3).

Il était mort avant le 7 novembre 1681, date du décès de sa veuve, dame Anne de Goulaines, qui fut inhumée le lendemain, dont acte aux registres protestants de Vieillevigne (4).

Ils avaient eu plusieurs enfants :

1° Lydie, dame de la Naulière, laquelle, étant au lieu noble du Marchais, fit abjuration de la religion protestante, en l'église de Vieillevigne, le 7 novembre 1685 (5).

2° David, chevalier, sᵍʳ de Soulette, dont l'article suivra.

3° Abraham, chevalier, sᵍʳ de la Jarrye, qui épousa demoiselle Louise de la Bussière (6), fille de Pierre de la Bussière, chevalier, sᵍʳ de la Vrignon-nière, et de dame Jeanne de Goulaines. Le 3 avril 1686, il signa comme parrain, et sa sœur Lydie Tinguy comme marraine, un acte de baptême catholique aux registres de la paroisse de la Grolle (7). Abraham Tinguy mourut s'étant confessé (sic), et fut enterré au cimetière de la Grolle, ainsi qu'en fait foi l'acte de son inhumation aux registres de cette paroisse, en date du 7 janvier 1689 (8). Sa veuve épousa en secondes noces Samuel de l'Espinay, chevalier, sᵍʳ de la Villaire, le 30 juillet 1696.

---

(1) Pièce énoncée dans la sentence de maintenue de noblesse du 14 juillet 1700.
(2) Copie signifiée à M. et Mᵐᵉ des Chartres en 1680 ; aux archives de la Viollière.
(3 & 4) Archives du greffe du Tribunal civil à Nantes.
(5) Notes manuscrites sur l'église de Vieillevigne, à la bibliothèque de Nantes.

(6) De la Bussière porte : *d'azur à la bande d'or accompagnée de deux molettes de même, une en chef èt l'autre en pointe, et de deux demi-vols d'argent posés en bande aux flancs de l'écu.* — Famille établie près d'Angles en Poitou au xvᵉ siècle. Jehan de la Bussière, écuyer, sᵍʳ du Chillou, fit divers acquêts par actes des 11 et 21 novembre 1499, et du 18 avril 1503. Pierre de la Bussière, écuyer, sᵍʳ de la Vrignonière, et son fils Louis de la Bussière, écuyer, sᵍʳ du Chillou, et Jacques de la Bussière, écuyer, sᵍʳ de la Bauberdye, furent confirmés dans leur noblesse par Barentin, les 26 et 27 septembre 1667.

(7) Archives du greffe du Tribunal civil de Nantes.
(8) Archives communales de Rocheservière.

4º Gabrielle, qui signa l'acte de mariage de Henri de Montsorbier, chevalier, avec demoiselle Anne-Aimée Buor, en date du 23 avril 1704, aux registres paroissiaux des Brouzils (1).

IX

DAVID Tinguy, chevalier, sᵍʳ de Soulette, assista à la sépulture, dans le cimetière protestant de Vieillevigne, de dame Madeleine Bidé, veuve de son oncle David de Goulaines, vivant chevalier, sᵍʳ des Mesliers, et signa l'acte d'inhumation aux registres protestants de cette ville, en 1680 (2).

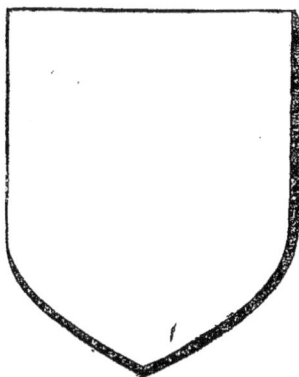

Il épousa demoiselle *Marguerite* Cormier (3), suivant contrat du

---

(1) Archives communales des Brouzils.
(2) Archives du greffe du Tribunal civil à Nantes.
(3) Cormier porte. . . . . . .

25 janvier 1687, reçu par Simonneau et Perrocheau, notaires du marquisat de la Garnache (1).

Ses enfants furent :

1° François, chevalier, sgr de la Jarrye, qui épousa (2) vers 1720 demoiselle *Anne* Jousbert (3), fille de Claude Jousbert, écuyer, sgr de la Jarrye, et

de dame Renée Boëxon. Il en eut, croyons-nous, deux filles : *a*. — Madeleine, décédée en la grâce baptismale, dit l'acte d'inhumation, aux registres paroissiaux de la Grolle, le 8 septembre 1728, au lieu noble de Lairie (Gicqueau, curé de la Grolle) (4) ; *b*. — Marie-Anne-Charlotte, mariée à René Camus (5), chevalier, sgr de la Poislière, dont elle devint veuve en 1773, comme l'atteste l'acte d'inhumation de son mari, en date du 7 août de cette année, aux registres paroissiaux de la Grolle (Blaise Sezestre, curé de la Grolle) (1).

2° Anne ;

---

(1) Pièce mentionnée dans la sentence de maintenue de noblesse rendue en faveur de David Tinguy par M. de Maupeou, le 23 juin 1700. Expédition à la Grange-au-Baron.

(2) Note communiquée par MM. Beauchet-Filleau.

(3) Jousbert porte : *d'azur à trois molettes d'éperon d'or*. — Très ancienne famille du Poitou, où elle s'est répandue en plusieurs branches, notamment celles de la Court, de la Gorronnière et de Romanguy, de la Jarrye, de la Dommangère et de la Tenaillère, de Rochetemer et du Landreau : cette dernière est la seule qui subsiste aujourd'hui.

(4) Archives communales de Rocheservière.

(5) Camus : voir page 16, annotation (2).

3° Marguerite, qui toutes les deux signèrent l'acte de mariage de demoiselle Bénigne-Honorée Tinguy avec Claude Camus, chevalier,

s^{gr} des Fontaines, le 24 octobre 1719, aux registres paroissiaux de la Grolle (2).

4° Hippolyte-Hyacinthe, qui fut marraine à Rocheservière, suivant acte baptistaire du 24 novembre 1737, aux registres de cette paroisse (3).

Elle épousa Louis-Anne du Tressay (4), ainsi qu'en fait foi l'acte de mariage de leur fils Louis-Anne du Tressay avec demoiselle Sainte de Cornulier, en date du 7 mai 1776 (1).

(1) Archives communales de Rocheservière.

(2 et 3) Archives communales de Rocheservière.

(4) Du Tressay porte : *d'argent à la fasce nouée de gueules, chargée de trois besants d'or*. — Famille venue de Bretagne. Elle fut reconnue noble d'extraction et maintenue à Nantes par sentence du 7 février 1671.

5° Gabriel, baptisé le 28 octobre 1702, suivant acte aux registres parois siaux de la Grolle (2), et décédé jeune, selon toute apparence.

6° Aimé, chevalier, sgr de Soulette, dont l'article suivra.

7° Charles, chevalier, sgr de la Naulière, qui servit au ban de la noblesse en 1758, dans la première division de la troisième brigade de l'escadron de Monsieur Beufvié de la Louerie (3). Il épousa demoiselle Rosalie-Ursule de Goulaines (4), fille de Samuel de Goulaines, chevalier, sgr de la

Paclais, et de dame Jeanne-Françoise de Goulaines, dame des Mesliers, de la Garde, etc., suivant acte du 20 juin 1746, aux registres parois‑ siaux de Rocheservière (Bossis, curé de Rocheservière) (5). Elle mourut en 1765, et fut inhumée dans le cimetière de la Grolle, le 6 juin, suivant acte aux registres de cette paroisse (Sezestre, curé de la Grolle) (6). Il ne paraît pas qu'ils aient laissé postérité.

X

AIMÉ DE TINGUY, chevalier, sgr de Soulette, servit comme son frère au ban de la noblesse en 1758, dans la première division de la troisième bri‑ gade de l'escadron de Monsieur Beufvié de la Louerie (7).

---

(1) Note communiquée par MM. Beauchet-Filleau.
(2) Archives communales de Rocheservière.
(3) Note communiquée par MM. Beauchet-Filleau. Bans et arrière bans.
(4) De Goulaines : voir page 114, annotation (1).
(5 et 6) Archives communales de Rocheservière.
(7) Note communiquée par MM. Beauchet-Filleau. Bans et arrière-bans du Poitou.

Le 6 janvier 1747, il épousa à Rocheservière demoiselle *Renée* DE GÒU-
LAINES (1), fille de Samuel de Goulaines, chevalier, sᵍʳ de la Paclais, et de

dame Jeanne-Françoise de Goulaines, dame des Mesliers, etc., dont acte
aux registres de cette paroisse (Bossis, curé de Rocheservière) (2).

En secondes noces, il épousa demoiselle *Rose* BODIN DE LA BOUCHERIE (3),

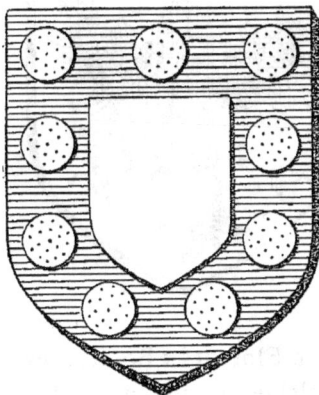

fille de François Bodin, chevalier, sᵍʳ de la Boucherie, et de dame Jeanne-
Bénigne de Liris de Fontenay, et mourut après elle à la Naulière, le
31 janvier 1776, et fut inhumé le lendemain à la Grolle, dont acte aux
registres de cette paroisse (Sezestre, curé de la Grolle) (4).

_____

(1) De Goulaines : voir page 114, annotation (1).
(2 et 4) Archives communales de Rocheservière.
(3) Bodin : voir page 21, annotation (3).

De ce second mariage il avait eu :

1° François-Aimé-David, dont l'article suivra.

2° Rose, décédée à la Naulière à l'âge de 29 ans et inhumée dans le cimetière de Rocheservière, le 17 avril 1790, suivant acte aux registres de cette paroisse (1).

3° Bénigne-Françoise-Aimée-Suzanne, sans alliance, décédée à la Naulière, le 25 janvier 1839.

XI

FRANÇOIS-AIMÉ-DAVID de Tinguy de Soulette, né à la Grolle, le 3 août 1757, émigra et servit comme volontaire dans la troisième compagnie de l'armée des Princes.

Il avait épousé à Saint-Denys-la-Chevasse, le 23 novembre 1790, demoiselle *Olympe-Aimée* Le Bœuf des Moulinets (2), dame de Ville-

neuve, fille de Bonaventure-Florent Le Bœuf, chevalier, sgr des Moulinets, et de dame Bénigne-Madeleine Masson de la Perraye. Elle mourut sans

---

(1) Archives communales de Rocheservière.

(2) Le Bœuf porte : *d'argent à une aigle éployée de sable, becquée et membrée de gueules.* — Cette famille est venue de la Bretagne. Briant Le Bœuf, chevalier, sgr de Sans, près Moréac, évêché de Vannes, vivait au commencement du xiii° siècle, et sa fille Nicole épousa, en 1235, Geoffroy, sire de Rieux. On trouve, deux siècles plus tard, en Bas-Poitou, Alexis Le Bœuf, écuyer, qui épouse, en 1428, demoiselle Emilie Chasteigner. Philippe Le Bœuf, écuyer, sgr des Moulinets, fut confirmé dans sa noblesse par Barentin, le 23 septembre 1667. Le dernier représentant de cette famille, M. Le Bœuf de Saint-Mars, est décédé en 1884.

lui avoir donné d'enfant, dans la campagne au delà de la Loire, où elle avait suivi l'armée vendéenne.

Monsieur de Tinguy de Soulette, revenu de l'émigration, se fixa à Saint-Denys-la-Chevasse. Il fut maire de cette commune depuis 1808 jusqu'à 1820. Le 16 octobre 1816, le Roi le fit chevalier de Saint-Louis.

Il est décédé à Saint-Denys-la-Chevasse, le 19 février 1838.

BRANCHE DE SOULETTE ET DE LA NAULIÈRE

Benjamin, chev., s^r de Chaillé.
Anne de Goulaines, dame de Soulette.

Lydie, dame de la Naulière.   David, chev., s^r de Soulette.   Abraham, chev., s^r de la Jarrye.   Gabrielle.
Marguerite Cormier.   Louise de la Bussière.

Marguerite.   Gabriel.   Aimé, chev., s^r de   Charles, chev., s^r de
Soulette.   la Naulière.
1° Renée de Goulaines.   Rosalie-Ursule
2° Rose Bodin de la   de Goulaines.
Boucherie.

Hippolyte-
Hyacinthe-
Pierre-Louis-Anne
du Tressay.

Rose.   Bénigne-Françoise-Aimée-Suzanne, dame de la
Naulière.

François, chev., s^r de la Jarrye.   Anne.
Anne de Jousbert.

Marie-Anne-Charlotte.
René Camus, chev., s^r de la Poislière.

Madeleine.   François-Aimé-David de Soulette.
Olympe-Aimée Le Bœuf des Moulinets.

MORS IN ME · IN ME VITA

www.ingramcontent.com/pod-product-compliance
Lightning Source LLC
Chambersburg PA
CBHW070811290326
41931CB00011BB/2196